新 潮 文 庫

「働き方」の教科書

人生と仕事とお金の基本

出 口 治 明 著

新 潮 社 版

10676

目次

取材・構成　新田匡央（にった・まさお）

「働き方」の教科書

人生と仕事とお金の基本

序章　人生は「悔いなし、遺産なし」

何歳が人生の真ん中か

みなさんは、「人生の真ん中」と聞いて、何歳くらいをイメージされますか。

僕は、人生の真ん中は五〇歳だと考えています。

現在の平均寿命からすれば、まず人生八五年と考えていいでしょう。そのうち、生まれてから成人するまでの約二〇年間は親がかりなのでひとまず除外すると、成人して自分の力で人生を生きる期間は二〇歳から八五歳までの六五年間ということになります。六五年を半分にすると約三〇年、二〇歳に三〇年を加えると五〇歳になるという計算です。

人生は、マラソンに似ています。

最近でこそ片道のコースもありますが、スタート地点を出発したランナーは中間地点で折り返し、スタート地点と同じゴールに戻るのが一般的です。人生の真ん中とは、言い方を変えれば「人生の折り返し地点」ということです。

ゴールに戻るといっても、まったく同じ道を戻るわけではありません。そうだとしても、競技場に戻るまでの道は「だいたい」わかっているのではないでしょうか。五〇歳という年齢は、自分の来《こ》し方を振り返り、この先自分がどう生きていくかを考える折り返し地点だと思うのです。


具体的にお話ししましょう。

多くの人は企業や役所など組織のなかで働いています。入社して間もない二〇代であれば、社長（トップ）になれるかもしれないという淡い期待を抱いているかもしれません。ところが、五〇歳ともなれば、この先自分が社長になれるかどうかわからない人はおそらくいないでしょう。あと一歩がんばれば、役員になって社長へのコースに乗れるのか。あるいは部長止まりぐらいで、子会社などに出向する可能性が高いのか。冷静に分析すればすぐわかるはずです。

人生の半分を駆け抜けてきたのですから、自分は何が得意で、何が苦手なのかということもわかっているはずです。

「二〇年にわたって経理を務めてきたので、経理については人並み以上にできる」

「入社以来営業一筋でやってきたので、モノを売ることには自信があるし、人脈もそれなりに持っている」

そう、五〇歳は自分のことがよく見える年齢なのです。

さらに言えば、五〇歳ともなれば、家族のこともよく見えてくるのではないでしょうか。

三五歳で子どもが生まれたと仮定すると、五〇歳のときには子どもは一五歳になっています。中学三年生、ないしは高校一年生になった自分の子どもが、これからプロサッカー選手になるのか、ピアニストになるのか、はたまた普通のビジネスパーソンになるのかまったく想像もつかないという親はおそらくいないでしょう。自分の子どもは「こんなことが向いているらしい」ということぐらいは、ある程度見極めがつくはずです。

リスクは、リアルに認識できればコストになると言われています。

子どもを世界的なピアニストやバレリーナに育てようと思えば、ニューヨークやモスクワなど「本場」に留学させるのが近道です。当然のことながら、目の玉の飛び出るような費用がかかります。しかも、どの程度お金をかければプロになれるのかすらわかりません。費用が明確にならない間は、リスクのままです。

勉強しているうち、残念ながらピアニストやバレリーナで身を立てる才能がないことが明らかになったとしましょう。ピアニストやバレリーナを諦《あきら》め、ビジネスパーソンに進路を変更して日本の大学に進学することになれば、四年間にかかる費用はだいたい見当がつきます。子どもの行く末の見極めがつくということは、これから必要になる費用も明確になってくるので、リスクはその時点でコストに変わるのです。

自分の先行きが見え、子どもの行く末も見え、人生におけるさまざまなことが見えるようになってくるのが五〇歳という年齢なのです。そう言えば「五十にして天命を知る」という言葉もありましたね。

四〇代の人にとって五〇歳は目の前ですが、二〇代、三〇代の人にとっては、まだ先のことに思えるかもしれません。しかし人生はあっという間です。五〇歳が人生の真ん中であるという認識に立って、五〇歳までをどう過ごすか、五〇歳からをどう生きるかを考えておくことには意味があると思います。

五〇代は無敵です。僕はそう思います。なぜ無敵なのでしょうか。その理由や意味を、本書のなかであきらかにしていきたいと思います。

「人間とは何か」
「人間はどう生きるべきか」
「なぜ自分は生まれてきて、生きているのか」

みなさんはひょっとしたら、学生時代にこのようなテーマについて悩み、考えた経験があるのではないでしょうか。いずれも重いテーマであり、簡単に答えが出せるようなものではありません。明確に意識はしていなかったでしょうが、学校を卒業して社会という荒海に出ていく前に、誰もが人生の原理原則について思いを巡らせていたのです。

僕は、自他ともに認める読書好きです。

古今東西さまざまな本を読んできて感じるのは、人間にとって原理原則がいかに大切かということです。とくに、優れた人の伝記などを読むと、凡人と偉人の違いは、常に原理原則に則《のっと》って自分の頭で考え、行動できるか否《いな》かにあると痛感します。一般に、自分の価値観、思考軸がしっかりしている人ほど、偉大な仕事をしているのです。

これは、建築物に例えれば容易にわかることです。

土台と骨組みが強固な家は、地震に見舞われてもそう簡単には崩れません。一方、どんなにきれいでお洒落《しゃれ》な家でも、土台と骨組みが脆《もろ》ければすぐに壊れてしまいます。

人間の体もまったく同じです。土台となる足腰を鍛えておかなければ、年齢を重ねるにしたがって健康を損ねることになりかねません。人生においてその土台に相当するのが原理原則です。自らの原理原則を確認し、価値観や思考軸を強固なものにするためには、常に「学ぶこと」「知ろうとすること」「考えること」が大切です。

この「学ぶ、知る、考える」ということに関して、フランスのファッションデザイナーであるココ・シャネルの言葉を紹介したいと思います。

シャネルがビジネスで大成功を収め、パリの最高級ホテル、リッツに住んでいた晩年のころ、確か次のような趣旨の言葉を残していたと記憶しています。

「私のような学校も出ていない、年をとった無知な女でも、まだ道端に咲いている花の名前を一つぐらいは覚えることができる。一つ名前を知れば、世界の謎《なぞ》が一つ解けたことになる。その分だけ人生と世界は単純になっていく。だからこそ、人生は楽しく、生きることは素晴らしい」

八〇歳になろうとする高齢の女性が発した、学び、知り、考えるということの本質が凝縮された素晴らしい言葉です。

ある講演会で、参加された方から「何冊ぐらい本を読めば教養があると言えますか」と尋ねられたことがありますが、教養の定義は、このシャネルの言葉に言い尽くされていると僕は思っています。一つ学べば一つ賢くなる、だからこそ学ぶことは楽しく、生きることは素晴らしいと言い切るシャネルの人生に対するスタンス。これこそが教養なのです。本を何冊読もうが、このスタンスを持っていない人に教養があるとは思えません。

学び、知り、考えることは、人間に生きる力を与えます。生きる力を強くします。年齢は関係ありません。学び、知り、考え、原理原則に立ち返ることで、人生はより豊かに、より有意義になると思います。

人生にそれほどチャンスはない

五〇歳を迎えたとき、それからの人生をどう生きていけばいいのでしょうか。

もちろん、人生は人それぞれに異なるので、その過ごし方は自分で突き詰めて考えていくしか方法はありませんが、僕がひとまず決めているのは「悔いなし、遺産なし」の人生を送ることです。

僕はまだ死んでいませんし、死の床についた経験もありません。ですから、死ぬ間《ま》際《ぎわ》に何を思うかという実体験はありません。ただ、古今東西さまざまな本を読んだ経験から、多くの先人が死ぬ直前に考えたことはいくつか頭に入っています。それを踏まえると、「あのことをやっておけばよかったな」などという「悔い」をできるだけ減らすことが、人間にとって最良の生き方ではないかと思うようになりました。

僕の好きな旅の話をしましょう。

四〇代でロンドンに勤務していたころ、仕事でスペイン北部のビルバオに行く機会がありました。出張スケジュールとしては、翌日の午前中にミーティングが予定されていたため、速《すみ》やかにロンドンに戻ることになっていました。

翌日のミーティングは、当時僕が所属していた日本生命にとって、かなり重要なミーティングでした。五〇億円から一〇〇億円という大規模融資の可否を実質的に決断しなければならなかったので、ロンドンオフィスの責任者である僕が会議を主催する必要があったのです。

ところが、スペインのイベリア航空がストライキに入ってしまい、その夜搭乗予定だった飛行機が飛ばないことになりました。ロンドンへの帰路についてホテルのコンシェルジュと一緒に考えたところ、フランス国境まで車を走らせ、そこから新幹線でパリに出て、朝一番の飛行機でロンドンに戻るのが最も安全確実なルートであることがわかりました。パリとロンドンを結ぶ飛行機は各社が頻繁に飛ばしているので、問題はありません。

ビルバオからフランス国境に向かう間、僕は車窓を眺めていました。ふと見ると「あと一〇キロでゲルニカ」という表示が出てきました。ピカソが描いたあの有名な『ゲルニカ』の舞台となった村です。一時間程度寄り道をしても、新幹線には十分間に合います。

ゲルニカは今は単なる村で、取り立てて見るべきものはありません。そのことは本を読んで知っていましたが、せっかくゲルニカの近くに来たのだから、この目で見てみたいという考えが一瞬頭をよぎりました。

しかし、日本と違って道中で何が起こるかわからない外国では、安全策を取るに越したことはありません。それに、ロンドンに駐在していれば、ゲルニカにはいつでも来ることができるという考えも浮かびました。最終的には翌日の大事なミーティングに出席するために移動しているのだから、真《ま》っ直《す》ぐフランス国境に行くほうがいいと判断し、立ち寄ることはしませんでした。この判断のおかげで無事ミーティングには間に合いましたが、その後現在に至るまでゲルニカを訪れるチャンスは巡ってきませんでした。

チャンスは何度でも訪れるという考え方は、理屈のうえだけの世界です。現実の人生では、人間にはそれほど多くのチャンスが与えられているわけではありません。むしろ、ほとんどが「一期一会《いちごいちえ》」なのです。僕が人生を「悔いなし」と表現するのは、思ったときにやっておかなければ、次のチャンスが来るとは限らないからです。次のチャンスが来なければ、必ず悔いを残します。この些細《ささい》な体験を一つの教訓として、旅に出たときは「迷ったら行く」「迷ったら買う」というマイルールをつくりました。

また、僕は自分が立ち上げたライフネット生命のことを一人でも多くのみなさんに知ってもらいたいと考え、一〇人以上集まれば、時間の許す限りどこへでも話しに行くので気軽に呼んでくださいと言い続けています。講演後の懇親会にもできるだけ顔を出すようにしているのも、人生は「一期一会」だと考えているからに他なりません。

サザエさんの作者長谷川《はせがわ》町子に「まんが幸福論」という面白い作品があります。だいたい次のような物語です。

立派な神さまと悪い神さまがいました。ある幸せな夫婦に玉のような赤ちゃんが生まれたとき、悪い神さまはこの幸せな家族に不幸を呼んでやろうと、悲惨なストーリーを思いつきました。

「この子どもを、一生苦労させてやろう。あらゆる辛酸をなめた挙げ句、乗っていた船が難破して無人島に流れ着き、助けも来ないまま猿と暮らして一人で死んでしまうんだ」

横にいた立派な神さまが悪い神さまのたくらみをことごとく邪魔して、悪い神さまのストーリーを実現させませんでした。玉のような子どもは大人になって成功し、幸せな家庭をつくって、みんなに囲まれて死んでいきます。その最期《さいご》に、次の言葉を口にしたのです。

「ああ、俺の一生は不幸だった。本当は、船乗りになって無人島で一人で暮らしたかったんだ」

立派な神さまと悪い神さまは、互いに顔を見合わせます。

「人間は、複雑でわからないねえ」

長谷川町子は、人間に関する深い洞察力を備えた天才だったと言っていいでしょう。傍目《はため》には大成功したように見える人生でも、その人が幸福だとは限りません。人間は、最期に悔いが残らないことが一番幸福なのだと思います。

お金はすべて使い切る

悔いが残らない人生を送る、やりたいことは思い立ったときにやる、そして、そのためにお金を使う。これが僕の考える「悔いなし、遺産なし」の人生です。

でも、ある程度の年齢になると、誰しも老後の資金の心配が頭をよぎります。世間には「六〇歳までに三〇〇〇万円ぐらいは貯《た》めましょう」などと語る人もいます。そんな話を聞くと、人間はついつい不安になってしまいます。では、老後の資金の問題はどのように考えたらいいのでしょうか。

はじめに公的年金や公的医療（つまり国の社会保障）の問題をとりあげます。

世間では「公的年金や公的医療が破綻《はたん》するかもしれない、だから自分で備えなければならない」と不安を煽《あお》る人がいますが、これは明らかに間違っています。わが国は五五兆円の税収にもかかわらず九六兆円の予算を立てています。なぜこのようなことができるのでしょうか。それは国債を発行できるからです（なお九六兆円のうち最大の支出項目は社会保障の約三二兆円で、次が国債費二三兆や地方交付税公付金の一五兆、文教費や公共事業の五～六兆円です）。つまり国債が発行できる限り、わが国の社会保障が破綻することはあり得ないのです。

国の年金や医療が破綻するのは、国債が紙切れになってしまうときです。では、国債を大量に持っているのは誰でしょうか。それは日銀を除けばみなさんがお金を預けている銀行や保険、証券などの金融機関です。つまり、国の年金や医療が破綻するときは、その前にみなさんの虎《とら》の子を預けた金融機関はおしなべて破綻してしまっているのです。国債が発行できる近代国家においては、お金を預けるときに国以上に安全なところはどこにもないのです。

加えて、もともと税金や社会保険料などの負担は社会保障などの給付（＝公共財や公共サービスの提供）にあてるためのものであって、負担が即《すなわ》ち給付です。したがってニコラス・バーなどの優れた学者が指摘しているように、年金や医療などの社会保障を将来にわたってサステイナブル（持続可能）に維持していくためには、「良い政府」と「成長」以外の方法はないのです。良い政府とはみんなで投票に行って、税金の分配が上手な政府を僕たちの手でつくり上げていくことです。また成長すれば税収が増えるので、分配に多くを回せるようになります。

このように素直に考えれば、少なくともいたずらに不安を煽られることはなくなるでしょう。みんなで投票に行く、元気なうちはみんなで働いて成長する。負担増を除けば、これ以外にわが国の社会保障を持続させる方法はないのです。僕は年金や医療の破綻はあり得ないと考えています。

最近では多くの人が六五歳ごろまで働くようになりました。国民年金や厚生年金でいくらもらえるかは、ウェブで検索をすれば簡単におおよその金額がつかめます。そうすると、平均寿命を八五歳として、仮に六五歳で働くのをやめるとしたら、残りの二〇年間を年金とそれまでの貯《たくわ》え（の取り崩し）でどう賄《まかな》うのかという問題がポイントになります。独立系の（即ち金融商品を売らない）ファイナンシャルプランナーも数が増えてきましたので、機会があれば自分の生涯プランを相談してみるのも一案でしょう。

万が一、お金が足りなければ、七〇歳まで働く、今から節約する、もう少し貯蓄をするなど選択肢はいくつもあります。ファイナンシャルプランナーのアドバイスを受けて、貯蓄や保険、投資信託などを上手に組み合わせることも有効だと思います。

以上のように順序立てて考えれば、これからの人生で自分がやりたいことのために使えるお金のイメージがおおむね固まってくるのではないでしょうか。

貯めたお金をお墓に持って行くことはできません。お金は、生きている間に自分のやりたいことのために使うべきです。使い切れずに残ってしまったお金をすべて国が吸い上げることにすれば、やりたいことのためにお金を使う人がもっと増えると思います。

これは、相続税率を一〇〇パーセントにすることで実現できます。国に吸い上げられるのは我慢ならないと考える人のためには、親族であるか否かを問わず、二〇代から三〇代の若い人への贈与税率をゼロにするという救済策を用意すればいいと思います。このように、高齢者が抱え込むお金を若い世代に回す仕組みを作ることで、日本経済の活性化を図ることも同時にできそうです。

そもそも、自分の子どもや孫にお金を残すことは、さまざまな弊害をもたらします。その一つが生まれによる格差です。僕は生まれてくる子どもはできるだけ平等な条件でスタート台に立ち、人生の競争を始めるべきだと考えています。はじめから持てる人、持たざる人をつくることは、機会均等にはならないと思うからです。

子どもや孫に遺産を残したいと考える人も多いことでしょう。

遺産を残そうとするのは、子どもや孫の将来に対する不安を和らげてやりたいと考える親心です。その気持ちはわからないではないですが、そのことが本当に子どもや孫のためになるのでしょうか。

僕は、成人した子どもは一人で生きていくべきだと思っています。世界の常識では、成人した子どもは親と別れて住むのが普通だからです。これは動物と同じです。このことは次の章でお話しするので、ここでは簡単に触れる程度にとどめておきます。

日本の中小企業の有効求人倍率は、二倍から三倍あると言われています。ところが、若者の多くは旅行・航空会社や銀行や商社のような「大企業」「超優良銘柄」に就職することに固執するという現実があります。そのために就職浪人をする学生もいますが、それができるのは親がかりだからです。少子化の影響で、やや過保護になっているのではないでしょうか。子どもの数が少なくなれば、親が一人の子どもにかけられる費用は多くなります。

「私たちがついているから、いい就職先が見つかるまで家にいていいよ」

そんな言葉をかけてくれるのをいいことに、炊事、洗濯、掃除はおろか、お小遣いまでもらっている若者が少なくないと言います。これでは、若者がモラトリアムになるのも無理はありません。

両親が病弱で子どもが面倒を見なければならないケースなど、成人した子どもと親が同居しなければならない場合もあると思います。しかし、子どもも両親も健康であるにもかかわらず、三〇歳を優に超えた子どもがいつまでも家にいたら、親も子どももダメになってしまうのではないでしょうか。

家を出れば、子どもは自分でお金を稼ぐしかなくなります。お腹《なか》が空《す》けばどんな職業にでも就くので、中小企業にも人が流れることになります。ベンチャー企業やNPO（非営利団体）などにも、労働力が集まるようになるでしょう。それは社会全体にとっても大きなプラスになると思います。

僕が「悔いなし、遺産なし」という考え方を選んだ理由は、人生が楽しいかどうかの判断基準は、「喜怒哀楽の総量」にあると思っているからです。

苦しいことや悲しいことに直面したとき、楽しいことや嬉《うれ》しいことがそれを癒《い》やして人間性を回復させてくれると考える人がほとんどだと思います。でも僕はそうは思いません。苦しいこと、悲しいことは、時間が経《た》てばいい思い出になるからです。

悲しいことが起こり、その程度が一〇〇だったとしましょう。悲しみはマイナスの感情なので、マイナス一〇〇と表現することにします。その後、楽しいことが起こってプラス一〇〇の感情が生まれたとします。そのとき、悲しいことが楽しいことで癒やされ（相殺《そうさい》され）、プラスマイナス・ゼロになると多くの人は考えてしまいます。しかし僕は、マイナス一〇〇とプラス一〇〇を足すのではなく、それぞれの絶対値一〇〇を加えることで、総量が二〇〇になると考えるのです。

人生の楽しさが喜怒哀楽の総量だとすれば、いろいろなことに挑戦したほうが人生はより楽しくなります。マイナスの感情にならないためにリスクを取らないのではなく、リスクを取ったことで仮にマイナス五〇〇になったとしても、死ぬときには絶対値の五〇〇として返ってくると考えるのです。

シェイクスピアの戯曲を見れば、人生は山あり谷ありだということがよくわかります。

たしかに、山あり谷ありの人生は、そのときは辛《つら》く苦しいものかもしれません。山歩きをしていても、高い山や深い谷を登ったり降りたりするのは、肉体的にも精神的にも苦しいものです。それでも、踏破したあとの達成感や爽快感《そうかいかん》は格別です。何の起伏もない平原をひたすら歩いているだけでは、決してその感覚を得ることはできません。

人間の幸福が喜怒哀楽の総量だと考えれば、少なくともチャレンジすることに怯《ひる》むことはなくなるのではないでしょうか。極論すれば、それが「悔いなし、遺産なし」という生き方だと僕は考えています。

みなさんも、この考え方に立って人生を考えてみてはいかがでしょうか。

まずは自分が楽しいと思えること、好きなことを見つけることから始めてください。楽しいことや好きなことを悔いなくやり切るためには、それなりにお金がかかります。遺産など残している場合ではありません。

これも極論ですが、お金を残そうとすると、やりたいことを我慢して家の中に閉じこもるしかなくなります。人や社会との交わりを絶ってしまうと、やがて信頼できるものはお金だけということにもなりかねません。そうした考えが人生を無駄にしてしまうことに、早く気づいていただきたい。僕はそう思っています。

第一章　人間と人生をどう考えるか

人間は動物である

原理原則に立ち返るためには、人間や人生、社会について正面から向き合い、ゼロベースで考えることが大前提になります。そのとき、人間が動物であることを忘れては、正しい思考ができません。

動物は、母親の胎内である程度生育してから生まれるのが普通です。外敵に囲まれた過酷な自然環境を生き抜くためには、その方法しかないからです。子どもは生まれると凄《すさ》まじいスピードで成獣となり、一人立ちを迎え親の元を離れていきます。子どもが成熟してから、親と一緒に住む動物はいません。

一方、人間は脳の発達とともに頭が大きくなったことから、母親の胎内で大きく育ってしまうと、物理的に子宮口を通れなくなりました。脳が進化した人間の宿命として、未成熟な状態で生まれるしかなくなったのです。

これが、人間が成人するまでの時間を長くしている主な理由です。成人するまでにこれほど長い時間がかかり、親の庇護《ひご》を受け続ける動物はほとんど類を見ません。だからこそ、ある一定の線を引いて子どもを自立させるべきなのです。

日本の社会では子どもと長く同居することが当たり前になっていますが、世界を見ると一八歳ぐらいになったら家を離れるケースがほとんどです。親の庇護から離れて自立を促すための年齢として、理に適《かな》っていると言えるでしょう。

先ほどお話ししたように、家を出て食べるものが用意されていなければ、お腹《なか》が空《す》いたときにはアルバイトでも何でもして働き、食《く》い扶《ぶ》持《ち》を稼ぐようになります。家を離れれば、寝る場所もありません。一人立ちしたばかりで手持ちのお金が少ないので、安い金額で借りられるルームシェアなどでねぐらを確保します。

こうした世界の趨勢《すうせい》を見れば、日本の特異性がわかるというものです。日本の若者にフリーターやニートが多く、仕事の基礎を覚えなければならない大切な時期に、親元でのんびりと過ごしているというのはかなり問題があるのではないでしょうか。

僕の友人にも、子どもに甘い親がいます。

「うちの子は才能があるのに、繊細だから受け入れてくれるところがなかなかないんだ」

一人っ子で、もう三〇代半ばを過ぎたというのにアルバイトの他には仕事もせず、家で暮らしているといいます。仕事をしていないということは、洗濯、掃除から食事の世話まで、すべて親が面倒を見ているということです。

「思い切って、別に住んだら」

僕がそうアドバイスしても、友人は歯切れ悪くこう言うのです。

「いやあ。そうかもしれないけど、僕もまだ子どもの一人ぐらい養えるし……」

余計なことかもしれませんが、これでは親も子どもも互いに自立できないのではないかと心配になります。友人の行為は、一人立ちができる年齢になった子どもとは別居するという動物の掟《おきて》に反しているのではないでしょうか。むしろ動物としては、かなり不自然なことをしていると考えたほうがいいでしょう。

僕は、一般論として親の責任は子どもが成人するまでだと考えています。よく冗談で、成人した子どもと同居している親に対しては、所得税を二倍にしたらどうかと言うこともあります。それは子どもの自立を促したいと考えるからに他なりません。

早く子どもと別居すれば、日本でもルームシェアが発展すると思います。連合王国(イギリス)王室のウィリアム王子とキャサリン妃も、ルームシェアで仲良くなったと言われています。日本ではパートナーのいない若い男女が増え、結婚したくても出会いの場がないと言われていますが、ルームシェアは「婚活」の垣根を低くするはずです。人間にとって最も大切なのはパートナーを見つけることです。そもそも婚活産業が起こること自体、自然の摂理に反した社会現象なのかもしれません。

甘やかすほうも甘やかされるほうも、それなりの愉悦に浸ることができます。人間社会から甘えがなくならないのは、人間の業《ごう》なのかもしれません。しかし、甘えを許す構造こそが、長い目で見れば人間を不幸にしてしまうことを知っておくべきでしょう。

動物は、次の世代を育てたら死んでいくケースがほとんどです。

人間の寿命はおおむねＧＤＰ（国内総生産）に比例すると言われていて、経済の発展とともに平均寿命は延びる一方です。大ざっぱに言えば、発展途上国が五〇歳、先進国が八〇歳といったところでしょうか。

人類が二〇万年前に東アフリカで誕生し、一万数千年前に定住を始めるまでの間は、一五〇人程度の群れで移動していたそうです。集団には小さい子どももいましたが、手のかかる子どもは集団全体で面倒を見ていたといいます。小さい子どもの両親がいつも面倒を見るわけにはいきません。父親には集団の食料確保のために狩猟の義務があり、母親は集団を維持するためのさまざまな仕事をしなければならなかったからです。

普通の動物の集団では、老いた個体は死にます。誰も面倒を見ません。子孫を残す機能がなくなったうえ、一人前の食事をするので子どもや親に十分な食料が行き渡らなくなるからです。栄養状態が悪くなると将来の担《にな》い手である子どもが死んでしまい、長じて丈夫な子どもを産むことができなくなることも理由の一つでした。

しかし、平均寿命が短かかった時代でも、人間の集団には高齢者がいました。日本にも「姥捨《うば》て」という伝承が残っていることなどから、人間にも高齢者を集団から排除するケースがないわけではありません。しかし、人間は多くの場合、高齢者を排除することなく集団のなかで面倒を見てきました。

高齢者は、豊富な経験からさまざまな知恵を持っています。若い人には初めての経験でも、高齢者は過去に体験済みである場合が大半です。高齢者の持つ経験や知恵が、集団が生き伸びるために生かされたのです。

小さい子どもの面倒を見るのも高齢者の役割だったといいます。高齢者は群れの存続のために知恵を授け、次代を担う子どもが確実に育つために手助けをするという役割を担ってきたのです。東京工業大学名誉教授の本川達雄《もとかわたつお》先生も、著書『生物学的文明論』（新潮新書）のなかで次のように書かれています。

「ただし、年寄りが生きていてもいい場合もないわけではありません。生殖活動に直接参加できなくても、豊富な人生経験をもとに子育てのアドバイスをする。おかげで子や孫の生存率が上がるようなら、老いた世代が生きている意味はあります。これは、われわれ人類に当てはまる話でしょう」

小さい子どもが将来の集団の担い手として存在価値があるのは当然ですが、高齢者も人生で得た知恵を使って次世代を育てる役割を担うことで、存在価値があったのです。小さい子どもや高齢者を集団全体でケアするこうした人類の習慣は、現在の社会保障を考えるうえでも重要な示唆《しさ》を与えてくれます。家族だけではなく社会全体で子どもを育て、社会全体で高齢者をケアするということは、人類の長い歴史を見ればごく当たり前のことなのです。

人間は動物の一種なので、動物がどのように生きているのかを知れば人間がよく見えるようになります。

動物は何かを食べなければ死んでしまいます。また睡眠を取らなければ、元気に動くこともできません。動物にとって最も大切なことは、生きるために食べることと、外敵から襲われることなく安心して眠れるねぐらを確保することなのです。

この二つが動物社会の基本だとすると、人間社会では、食べることはほぼ経済成長に相当します。誰もがお腹いっぱい食べるためには、経済が成長することが不可欠です。安全なねぐらがあることは、人間社会では治安の良さにつながります。社会が不安定で、泥棒や強盗が跋扈《ばっこ》しているようでは、安心して眠ることはできません。ぐっすり眠れるということは、治安が維持され、社会が安定しているということです。

もう一つ大事なことは、人間の脳は大きさも、能力も、この一万年ぐらいほとんど進化していないということです。技術は進歩しても、脳は変わっていないのです。この事実を率直に認めれば、ベートーベンを超える交響曲の作曲家が現在まで出現していないことは容易に理解できます。ストラディバリ以上のバイオリンの作り手が現れないこともなんら不思議ではありません。天才がいつ生まれるかはランダムであり、単に確率の問題にすぎないのです。

人間の喜怒哀楽も、ギリシャ悲劇のなかにすべて描かれています。今から二五〇〇年前のアテナイで、ソフォクレス、エウリピデス、アイスキュロスという三人の天才的な作家がたまたま同時期に生まれ、お互いに競い合って悲劇を書いたことで、人間の喜怒哀楽がすべて描かれてしまったのです。

人間が動物であることが理解できれば、仕事をするなかでしばしば耳にする「根性が足りない」「がんばればなんとかなる」といった精神論が意味を持たないことは明白です。

若いうちは残業（長時間労働）が当たり前だと主張する人もいるようですが、長時間労働で生産性が上がったというレポートは、いまだに一度も目にしたことがありません。むしろ、翌日の仕事の効率が下がるというデメリットのほうがはるかに大きいはずです。これも人間が動物であり、食べて眠ることが大事だという大原則に反しています。若いときは一日か二日はがんばれるでしょうが、それがサステイナブルだとはとうてい思えません。

たくさん食べて、たくさん寝て、たくさんデートして、スッキリした気分で集中して八時間前後働く。これが生産性が向上する（＝良い仕事ができる）いちばんいい方法です。そのほうがはるかに合理的で、社会全体としても成長するのではないでしょうか。これが働き方改革の根本だと思います。

人間は、動物として当たり前のことを忘れてしまっています。人間はどういう動物であり、ほかの動物とどこが一緒でどこが違うのかという基本的な前提をゼロベースで見直してみるのはとても大切なことだと思います。

マラソンは、折り返し地点に来ても走り続けなければなりません。しかし、人間の人生はひと休みすることができます。迷ったときは、スタート地点に戻る。もう一度原理原則に立ち返ることで、最もよい解を導き出すことができるのではないでしょうか。

動物として自然なことをする

ある学者が言っています。

「子どもを育てるうえで最も大切なことの一つは、裸足《はだし》で大地を踏みしめることだ。人間は二足歩行というほかの動物にない特徴を持っている。子どもが歩き始めたとき、裸足で地面を踏みしめ、地球（重力）と自分の関係を足の裏を通じて体全体で覚えることが何よりも大切である。現在は、アスファルトの道路に靴を履いて立っているので、大地の感覚が失われている。そのことが、人間をおかしくしているのだ」

別の学者は、こう語っています。

「子どものころは、子ども同士で喧嘩《けんか》をさせるべきだ。喧嘩をするなかで、どこまで殴ったら相手を傷つけるのか、どこで止《や》めなければいけないのかを自然に学んでいく。一度も殴り合いをしたことがないまま大人になるから、自分の気に入らないことがあっただけですぐに人を刺したりしてしまうのだ」

現代の子どもは、裸足で大地を踏みしめる感触や、友だちと殴り合いの喧嘩をする経験をあまり持てないのではないでしょうか。大人が意図的にそうした機会を遠ざけているからです。乱暴な意見であることを承知のうえで言うと、あえてそうした経験を子どもに積ませ、体で覚えていくことの重要性を見直す必要があると思います。

人間は天変地異によって死に直面します。日本でも毎年、台風や大雪などで不幸にも命を落とされる方があとを絶ちません。実に悲しいことですが、人間社会にはそうした不条理がつきまといます。人間は決してきれいごとだけの存在ではありません。どろどろした喜怒哀楽も不条理も現実問題として存在しているのです。

昨今は、こうした事実から子どもを意識的に遠ざけ、無菌状態で育てる傾向が目につきます。良いことも悪いことも、きれいなことも汚いことも、人間社会に厳然として存在する事実に正面から向き合わせた状態で子どもを育てたほうが、はるかに健全で賢い人間に育つのではないでしょうか。

これは、歴史的に証明されていることです。

織田信長《おだのぶなが》は、なぜあれほどまでに抵抗なく異国の文化を取り入れ、柔軟な考え方を持つことができたのでしょうか。直接の原因は、親に疎《うと》まれたからだと考えられます。親は素直で従順な弟をかわいがり、乱暴者の信長を放っておいたのです。親である家長がぞんざいに扱えば、家臣もそれに従います。信長は後継者として大事にされなかったからこそ、自由な行動ができたのです。

信長は、腰に荒縄を巻き、清須《きよす》の町をほっつき歩いていたといいます。町に出て粋《いき》がって歩いていれば、当然のことながら諍《いさか》いが起こります。信長は毎日のように町民と喧嘩をして、勝ったり負けたりしながら人間の社会を知っていくのです。

町を歩いていれば、城内にとどまっていては決して見られない商売を目にします。信長は、町人の経済活動もつぶさに観察する機会を得ていたのです。いろいろなことを見て、いろいろなことを知って、机上の帝王学では学ぶことのできない市場の現実を知る。信長は、無菌状態とは正反対の状況に身を置くことで、人間社会に対する自分なりの知見を磨くことができたのでしょう。

ヨーロッパには、ホーエンシュタウフェン朝のローマ皇帝フェデリーコ（フリードリヒ）二世の例があります。

フェデリーコは、三歳で父ハインリヒを失い、四歳で母コスタンツァを亡《な》くして孤児となってしまいます。幼少ながらシチリア王だったフェデリーコですが、かまってくれる家臣がいなかったために放置され、シチリアの首都パレルモの町の中で育ちます。

当時のパレルモは国際都市として賑《にぎ》わい、イスラム文化やギリシャ文化、それにノルマン文化やラテン文化が融合した世界最先端の独特の文化が花開いていました。こうした世界中の人種の坩堝《るつぼ》のなかで、フェデリーコはイタリア語やドイツ語だけではなく、自らラテン語、ギリシャ語、アラビア語などを習得し、馬術、狩猟などあらゆる面で秀《ひい》でた名君になるのです。

歴史を見ると、立派な館《やかた》のなかでの純粋培養より、混沌《こんとん》とした町のなかで暮らすことの方が人間を賢くするという事例には事欠きません。一人っ子を純粋培養するように大事に育て、ちょっとばかり校庭で転んで擦り傷でもつくろうものなら親がすっ飛んでくる現代の日本では、かえって子どもが不幸になってしまうような気がしてなりません。

もともと、社会は理不尽なものです。子どもには、むしろ見せてはいけないようなものを見せたほうがいい。大家族の時代には、子どもはお祖父《じい》さんやお祖母《ばあ》さんが死んでいく姿を目にしてきました。人が死ぬ場面を実際に見ることは、いろいろなことを自然に学ぶ機会を与えることになります。それを見て子どもが不安になったときは、落ち着くまでしっかりと抱きしめてやればいいのです。

その時点では、意味がわからなくても構いません。

幼いころに裸足で土を踏みしめた事実は覚えていても、踏みしめたときの足の裏の感覚など誰も覚えていません。それでも、その感覚（情報）は間違いなく体を通って、脳のなかに蓄積されているはずです。その蓄積が、動物としての感覚を研ぎ澄ます「もと」となるのではないでしょうか。だからこそ人間は、動物として自然なことをやるべきなのです。

人間はワインである

「人間は、ワインと同じでクリマ（climat）の産物だ」

これは僕が若いときに聞いた、アメリカの国務長官などを歴任したヘンリー・キッシンジャーの言葉です。クリマはワインに関する用語で、ワインづくりに影響を与える地理的な条件、即《すなわ》ちその固有の土地を指す言葉です。英語ではクライメイト（climate　気候・風土）となります。

ワインはその土地特有の産物で、同じ地域でも土地の傾斜や日当たりが変われば、ワインの仕上がりも異なります。ワインの原料となる葡萄《ぶどう》を生育する葡萄畑の置かれたより大きな自然環境をテロワール（terroir）と言いますが、キッシンジャーが語った言葉は、クリマとテロワールの産物であるワインと人間は一緒だということです。

人間は、誰でも自分の生まれた町や村を誇りに思っています。僕が生まれたのは三重県の美杉《みすぎ》村（現・津市美杉町）ですが、豊かな自然に恵まれた村にはきれいな雲出《くもず》川が流れていて、素晴らしい庭園を持つ北畠《きたばたけ》神社があります。こんな土地はほかにはないと思えるほど、僕の記憶のなかでは美しい土地なのです。僕は、美杉村で暮らしていたときのような黄金時代は、その後の人生で一度もなかったように思います。キッシンジャーは、僕が思っているようにすべての人間は生まれ故郷を愛しているものだと看破したのです。

キッシンジャーの言葉は、さらにもう一つのことを意味しています。

クリマにしてもテロワールにしても、その土地の持つ環境は長い間の歴史的な積み重ねがあってはじめて存在するものです。これを人間に置き換えると、先祖に相当します。多くの人にとって、自分の先祖はどこの馬の骨ともわからない人物である場合がほとんどです。それでも人間は、自分の先祖だけは立派な人であってほしいと願っているというのです。

キッシンジャーの真意は、人間はワインと同じだから、相手の人が生まれたところの地理を勉強し、その人の先祖のこと、つまり歴史を勉強するのが大事だということです。よく学んだあとに自分の足で歩いてみることで、どんな人ともはじめて腹蔵なく話し合うことができるということを言いたかったのだと思います。

僕はイランが好きで何回も訪れていますが、マシュハドという町でふらっと入った飲食店の壁に、豪傑が悪者を退治しているような絵が描かれているのを見つけました。その絵を見て、イランの神話、伝説、歴史の集大成である『シャー・ナーメ（王書）』という民族叙事詩に出てくる英雄ロスタムだろうと思いました。

「ロスタム！」

そう叫ぶと、飲食店の主人が興奮した様子でまくしたてました。

「そう、これはロスタムだ。おまえ、日本人なのによく知っているな」

ペルシャ語だったので正確なところはわかりませんが、たぶんそう言っていたのだろうと思います。よほど嬉《うれ》しかったのでしょう。イスラム国家のイランではアルコールを提供しないので、店主はノンアルコールビールを無料で出してくれました。こうした経験をすると、キッシンジャーの言葉が自然と腹に落ちます。

人間は、誰でも自分の生まれた土地のことを知ってもらうことが嬉しいのです。僕も知らない人から美杉村に行ったことがありますと言われれば、何となく頬が緩んでしまいます。ふだんはそれほど意識していなくても、人間は自分の生まれ故郷を大事にしているものなのです。

この感覚は、自分の先祖についても言えます。僕は自分の出口という姓について、先祖が村の出口の近くに住んでいて、明治維新のときに庄屋《しょうや》さんか誰かが付けてくれたのだろうと漠然と思っていました。それ以上、深く考えたことはありませんでした。

二年ほど前、京都の大本《おおもと》（教）の開祖、出口なおの娘婿《むすめむこ》となって大本を大きくした出口王仁三郎《おにさぶろう》の子孫の方に会う機会がありました。大本は高橋和巳《かずみ》の名作『邪宗門』のモデルになった宗教です。その子孫の方が、僕が差し出した名刺に出口と書いてあるのを見て、出口という姓の由来を話してくれました。

「きっと、瀬戸内海の水軍の末裔《まつえい》ですよ。瀬戸内海の水軍のなかで、湾の出口を守っていた武将が、だいたい出口姓を名乗っていたそうです」

「そうだったんですか」

「ところで、出口さんは三重県のどちらですか?」

「父方は伊勢から来ているそうです」

「それじゃあ、間違いないでしょう」

その方が言うには、瀬戸内海の水軍の一部が紀伊半島を回り、志摩の国で九鬼《くき》氏に率いられたといいます。一部はさらに北上し、房総半島(千葉)に上陸したそうです。九鬼水軍は織田信長方の水軍として活躍し、近畿一円の制海権を握るほどの勢力を誇りました。

ところが、秀吉《ひでよし》が全国を統一して中央集権国家を樹立すると、個々の武将は治めていた国を一旦《いったん》召し上げられます。統制に従わない自由な水軍の行き場はありません。そのため、水軍の人々は陸へ上がり、商売を始めます。三重県に出口姓が多いのは、その水軍の名残りだというのです。

「へえ。もしそうだとしたら、村の出口に住んでいたという話より、海賊の出という話のほうが格好いいなあ」

キッシンジャーの話と同じです。どこの馬の骨かわかりませんが、僕もその話を聞いた瞬間に先祖は立派であってほしいと、きっと心のどこかで思ったのでしょう。

ただ、一概に故郷が素晴らしいとは言えません。故郷に近親憎悪《ぞうお》的な感情を持つ人もいるからです。たまたま同じ美杉村出身の人に会う機会があって話をしたら、田舎で何もないところだから早く出ていくことが夢でしたとおっしゃっていました。

いずれにせよ、人間が生まれ故郷や先祖のことを強く意識しているのは事実です。キッシンジャーの「人間はワインである」という言葉は、実に味わい深いものです。

人間チョボチョボ論

「人間はみなチョボチョボや」

僕が高橋和巳や辻邦生《つじくにお》と並んで学生時代に愛読した、作家の小田実《まこと》の言葉です。

人間はたいして賢い奴《やつ》もアホな奴もいない。人間の能力にはたいした差はない。この言葉がとても好きで、今でも機会があれば人に話しています。たしかに、人間の正規分布図を描いてみると、極端に優れた人や極端に劣った人はほとんどいないことがよくわかります。

人類最速の男と呼ばれるジャマイカのウサイン・ボルトは、一〇〇メートルを九秒五八というタイムで走り抜けます。驚くべき速さであることは間違いありませんが、田舎の中学、高校で少しばかり陸上をかじっただけの僕でさえ、一二秒フラットというタイムを持っていました。あくまでも想像ですが、本格的に陸上をやったことのない人でも、若い男性であればおそらく一三秒前後で走ることができるでしょう。だとすると、一般人とボルトとの差が二倍もないことは容易に理解できます。

もちろん、速くなればなるほどタイムを縮めるのが困難で、その「限界価値」が増していくことは知っています。そうだとしても、ボルトのような稀有《けう》な天才と普通の人の能力にはたいした差がないということがわかります。小田実が喝破したように、どれだけ傑出した才能を持っていても、人間はみなチョボチョボで、意外と能力に変わりはないということです。

封建時代であれば、奴隷《どれい》に生まれたら一生奴隷のままで終わってしまいますが、現代社会では成り上がることができます。社会保障制度もそこそこ整っており、貧しくても、奨学金などを得れば学ぶことができないわけではありません。もちろん、まだまだ不公平は存在していますが、現代は誰にでもチャンスがあり、スポットライトを浴びて舞台で踊れる機会が人生に一度か二度は訪れるようになっていると思います。

人間がチョボチョボで変わりがないのだとすれば、違うのは本人の気持ちの持ち方です。自分をコントロールできず、酔っ払って舞台の本番のときに寝てしまった。練習で踊り過ぎて、スポットライトが当たったときには疲れ果てて踊れない。花道と舞台を勘違いして、舞台に上がる前に花道で踊り続けてしまう。天の時、地の利、人の和という機会をうまくとらえることができるかできないかが最大の問題なのです。

人生は九九パーセント失敗する

最近よく思うのは、人生を無駄にする三つの行動です。

「済んだことに愚痴を言う」

「人を羨《うらや》ましいと思う」

「人によく思われたいと思う」

人生を無駄にしてもいいと考える人は、この三つをぜひやってください。無駄にしたくない人は避けていただきたいのですが、人間は三番目に書いた「人によく思われたいと思う」ことから逃れるのが最も難しいのです。

なぜなら、人間は虚栄心が強く、プライド、自意識ともに過剰な生き物だからです。

人によく思われたいと思えば、失敗する姿を人に見せたくないと考え、チャレンジをしなくなっていきます。やがて八方美人的に振る舞うようになり、結局のところ自分の思いと行動が乖離《かいり》していくので、それが自分を苦しめることになります。

そういう事態に陥らないためにこそ教育が必要なのです。教育の本来の目的は、生きるための武器を与えることです。歴史の年号や三角方程式の解法を記憶することも大事ですが、学校でまずもって教えるべきは、人間と人間がつくる社会に対するリアリズムの感覚だと思うのです。

そもそも、チャンスを手に入れた（舞台でうまく踊れた）からといって、やりたいことをやり遂げることができる人は一〇〇人中一人ぐらいしかいないことを知っておくべきです。少し長いレンジで歴史を眺めれば、一〇〇人中九九人は失敗していることが容易にわかります。しかも行動した結果は、後の時代にならなければわからないケースがほとんどなのです。

それさえ知っていれば、仮に失敗したとしてもショックを受けることはありません。大切なのは「九九人が失敗するのだからチャレンジしない」という結論を導き出さないことです。九九人が失敗するとしても、チャレンジしなければ世界を変えることはできません。今みなさんが生きている社会は、かつて一〇〇人が変えられると思って挑戦し、一人が成功したからこそ成り立っているのです。世界を変えようと思う人がたくさんいなければ、一パーセントの絶対数が少なくなり、社会が変わる可能性はそれだけ低くなってしまいます。

チャレンジする自分が、九九パーセントに入るか一パーセントに入るか、それは死ぬまでわかりません。むしろ死んだあとにしかわからないことのほうが多いのです。

キリスト教の創始者イエスは三〇歳ぐらいで刑死したので、失敗した人の典型とも言えそうです。しかし、キリスト教は今や世界を取り仕切っている大宗教の一つです。イエスの生涯を見ると、死んでから何百年、何千年も経《た》って成功する例が多々あることがわかります。チャレンジしているそばから、成功するか失敗するかということを考えても仕方がないのです。

チャレンジすることは尊く、失敗は珍しいものではない。むしろ成功することのほうが稀《まれ》なのだから、めげる必要などまったくない。子どもにはそういうファクト（事実）を教えたほうがいいと思います。日本でもアメリカのように、失敗することが次の飛躍のための経験になるという考え方を教えるべきでしょう。

そういう教育を受ければ、チャレンジするのが怖くなくなるはずです。愚痴を言ったり、人を羨ましく思ったり、人によく思われたいなどと考えることもなくなり、自分の精神をコントロールすることができるはずです。そのとき、人間ははじめて健康で健全になるのではないでしょうか。

最も恐ろしいのは、無知でいることです。アメリカの歴史学者ジョン・ルカーチの『歴史学の将来』(みすず書房)という本に、共和政ローマ時代の哲学者キケロの言葉が引いてありました。

「自分が生まれる前のことについて無知でいることは、ずっと子供のままでいることだ」

歴史を知ることの大切さを表した言葉ですが、この言葉を逆から読めばこうなります。

「過去の人間がやってきたことを知れば、人間はみなチョボチョボだということが実感できるはずだ」

人間の能力もチョボチョボ、訪れるチャンスもチョボチョボ、さまざまな偶然もチョボチョボ。そして九九パーセントは失敗する。失敗するとわかっていても、一パーセントの可能性をめざしてチャレンジした人がいたからこそ今の世界がある。世界を変えるためには、失敗を恐れずチャレンジすべし。そういうことです。

すでにお話ししたように、僕は死ぬときに後悔するのは嫌です。可能な限り、やりたいことにはすべてチャレンジし、その結果は後世の判断に委《ゆだ》ねればいいと思っています。みなさんもそういう人生観を持ってみてはいかがでしょうか。チャレンジすることは何歳になってからでも遅くはありません。

人類の歴史のなかで、高齢者の起業として最も短期間で多大な成功を収めたのは、おそらくムハンマドだと思います。

ムハンマドの生きた六世紀から七世紀にかけての人間の平均寿命は、おそらく二〇歳前後だったと思います。無学で字も読めなかったムハンマドは四〇歳ぐらいになったとき、マッカ（メッカ）郊外のヒラー山の洞窟《どうくつ》で瞑想《めいそう》に耽《ふけ》りました。そこで天使ジブリールに出会い、アッラーの神の啓示を聞いたといいます。

突然のことだったので、ムハンマドは心配になって友人に相談します。ところが、誰一人として真面目《まじめ》に取り合ってくれませんでした。

「おまえは、耄碌《もうろく》したんだ」

「幻でも見たんじゃないか」

「歳《とし》を取って、もう死にかけているんじゃないか」

意気消沈し、不安になったムハンマドは、妻のハディージャに打ち明けます。

「俺、神さまの声が聞こえたんだ。友だちに相談したら、みんな、おまえはもうぼけたんだと言うけれど、どうしたらいいのだろう？」

ムハンマドより年上のハディージャはこう言います。

「一五年ぐらい一緒に生活して、あなたが正直に生きてきたことを私は知っています。私はあなたについていくから、好きなように生きなさい」

ハディージャの言葉に力を得たムハンマドは、イスラム運動を妻と二人で始めました。信者も少しずつ増えていきます。しかし、マッカの人々はムハンマドと信者たちに激しい迫害を加えました。マッカから追い出され、ヤスリブという町に移ったムハンマドは、ヤスリブをマディーナと改めてイスラム共同体の基礎を築いたのです。

ただし、ムハンマドが生きている間にイスラム運動が大成功したわけではありません。ムハンマドの死後、イスラム共同体の後継者となった四人のカリフがイスラム国家を構築しました。その後、ウマイヤ朝が成立し、ムハンマドの死後五〇年ほど経ったころには、肥沃《ひよく》なエジプト、シリア、メソポタミアを含む大帝国を樹立し、世界のGDPのおよそ三分の一を制覇することになります。

この例を見ても、ムハンマドが生前に大成功したという実感を得ていたわけではないことがわかります。失敗を乗り越えてやりたいことをやりきったムハンマドの例からも、何も怖《おそ》れる必要がないことをわかっていただけたでしょうか。

歴史のなかにおける人間

人間は、ほかの動物と同じように、次世代のためにこそ生きるべきだと思います。人間が連綿と次世代にバトンを渡しながら生きてきたことは、歴史からアプローチしても同じ結果が導かれます。昔の優秀な君主は、若い世代に投資をしているのです。男尊女卑の朱子学の影響で悪く言う人もいますが、中国史上唯一《ゆいいつ》の女帝である武則《ぶそく》天《てん》（則天武后《そくてんぶこう》）という非常に優秀な皇帝がいました。彼女は唐の高宗の皇后から、のちに武周王朝をつくって君臨します。

武則天はもともと皇族ではなかったので、隋の文帝が始めた科挙《かきょ》を積極的に推進します。科挙とは公務員試験のことで、出自《しゅつじ》にかかわらず優秀な人材を全国から集めるシステムです。これを担ったのが、自身も科挙から身を立てた宰相の狄仁傑《てきじんけつ》という人物です。狄仁傑は「自家薬籠《じかやくろう》中の物」という有名な言葉を残し、人材の豊富さを誇りました。

武則天が科挙によって見出《みいだ》した若くて意気盛んな少壮官僚が、武則天の孫である唐の第九代皇帝の玄宗《げんそう》のときに優秀な閣僚に成長して、大唐世界帝国の繁栄に貢献します。玄宗の晩年は楊貴妃《ようきひ》を寵愛《ちょうあい》しておかしなことになりますが、前半は「開元の治《かいげんのち》」と呼ばれる素晴らしい政治を行ないました。

これには、武則天が優秀な官僚を全国から集めたことが寄与しています。大貴族ではない武則天が豪族や閥族《ばつぞく》と対抗するため、優秀な若者を育てなければならなかったという事情はあります。それでも、武則天が次の世代のために生きていたことに変わりはありません。

ローマ皇帝フェデリーコ二世は、国を治めるためには官僚が必要だと考え、世界初の官吏《かんり》養成大学として一二二四年にナポリ大学を創設しました。日本で言えば、それから六五〇年後に創設された東京大学のような位置づけです。当時、大学としてはすでにボローニャ大学などがありましたが、ここはローマ教会と密接に結びついた僧侶《そうりょ》が勉強するための大学でした。ちなみにナポリ大学は、神学者トマス・アクィナスなどを輩出しています。

歴史を見ると、ありとあらゆる世代と階層で、次の世代を育てることを懸命にやってきたことがわかります。現在がよくても、次世代を支える人がいなければサステイナブルな社会を築くことはできないということを、優れた人物はみな知っていたのです。

次世代のために生きるなどと言えば、大袈裟《おおげさ》に聞こえるかもしれませんが、僕らの諸先輩がたもそのことをよく理解していたように思います。

僕が日本生命のサラリーマンになったばかりのころ、会社の先輩が僕たち若い従業員をよく飲みに連れて行ってくれました。好きなだけお酒を飲ませてくれて、何万円という金額を払ってくれたのです。僕らは申し訳なく思い、先輩に一人当たり五〇〇〇円ぐらいは払いますと申し入れました。でも、先輩はひと言「アホ」と言って、受け取ってくれませんでした。

「おまえらが大きくなったとき、若い奴に飲ませてやればそれでええのや。俺らもそうして育ってきたんだからな」

卑近な例ですが、これも次の世代のために生きているということになります。僕らにご馳走《ちそう》してくれた先輩は、さらにその上の先輩から若いころに飲ませてもらったことを覚えていて、僕らにバトンタッチしてくれたのです。

とある公的年金の研究会に参加する機会がありました。

年金問題の議論で必ず出るのが「世代間の不公平」という論点です。現在の六〇代から七〇代が比較的少ない保険料負担で多くの年金をもらえる一方、若い人は相当な保険料を払っているわりに支給額が少ないという議論です。議論のなかで、一橋大学の小塩隆士《おしおたかし》先生がこんなことをおっしゃっていました。

「世代間格差を考える際に、単純な損得勘定に終始するのはあまりに非生産的。むしろ将来世代にどこまで国富を残せるかという観点から、問題を捉《とら》えるべきである」

つまり、現在行なわれている世代間格差の議論は不毛で、年金を含めた社会保障や社会のインフラを、次の世代にどれだけ残せるかという考えが根底にあるべきだという趣旨です。年金財源の不足分などを埋蔵金を使って穴埋めするという議論がありますが、とんでもないことです。埋蔵金には極力手をつけず、次の世代に残すことを考えなければならない。借金だけ残して次の世代に顔向けができるのか。小塩先生の言葉に、僕は深い感銘を受けました。

世代間格差論のおかしいところは、次の話でも理解できます。

僕が一九七二年に日本生命に入ったころ、労働組合から将来賃金の想定モデルという資料を渡されました。定年時の役職は部長で、それまでの給料と退職金の金額が示され、この数字に基づいて人生設計をしなさいと指導されました。その当時、大卒であれば誰でも部長や支社長になるのが当たり前で、ベースアップの率もほぼ予測できましたから、生涯賃金や退職金の金額も想定できたのです。

ところが、現実はその通りにはなりませんでした。

三年ほど経つと、部長モデルが部次長モデルに変わりました。誰もが部長になれるわけではないことがわかってきたからです。さらに三年ほど過ぎると課長モデルに変わります。大卒の大量採用が始まり、さすがに組合も全員が部次長になるのは無理だと理解したからです。当然、給料も退職金も減っていきます。最終的には、その資料さえ配布されなくなりました。世代間の格差とは、つまりこういうことです。高度成長が止まり、ポストが増えなくなれば、従業員の待遇が変わるのは当たり前のことなのです。

年金の世代間格差も同じ話ではないでしょうか。

国民皆年金制度が完成された一九六一年は、現役世代一一人で一人の高齢者を支える社会構造でした。ちょうど一つのサッカーチームが一人の高齢者を支えるイメージです。しかも、当時の男性の平均寿命は六五歳前後だったので、若者が支える期間はたったの五年間でした。そのころの高齢者は戦争で苦労して、日本の復興に尽力してきた人たちです。その人を一一人で五年間支えるのであれば、快く支えてあげようとみんなが考えたのです。

しかし、現在は騎馬戦です。三人で一人の高齢者を支えなければなりません。もう間もなく肩車になりそうな勢いです。しかも、高齢者は二〇年以上生き続けます。このような社会構造になってしまったからには、世代間の不公平はある意味で仕方のないことなのです。そもそもデモグラフィック（人口動態的）な変化を超えて世代間の不公平をなくそうとすれば、原則として税金を投入するしか方法はありません。

もちろん、世代間格差を小さくする努力は必要です。しかし、そのことを必要以上にアジテートしたところで、一体どのような生産的な意味があるのでしょうか。

繰り返しますが、人間として最も大切なことは次の世代を育て、次の世代にきちんとバトンタッチをすることです。高齢者が生きている意味は、長い時間生きてきたなかで培《つちか》った経験や知恵やお金を、次の世代のために使い切ることなのです。これは、現在の高齢者にも課せられている使命だと僕は考えています。

人生はトレードオフ

じつは、僕はものすごく短気な人間です。

三〇歳で大阪から東京に出てきてから長くMOF《モフ》担（当時の大蔵省担当）を務めた関係で、他の保険会社や銀行、証券会社、新聞記者などメディアのみなさんと話をする機会が数多くありました。みなさん忙しいので、なかには時間に遅れる人もいて、短気な僕はその都度腕時計を見ては腹を立てていました。社会人として平静を装《よそお》ってはいましたが、頭には体中の血が集まったような状態でした。

なぜここまでイライラするのだろうか。あるとき、ふとそう考えました。気づいたのは、腕時計をしていることでした。腕時計をしているから頻繁に時間を見て腹が立つのだ。外してしまえば、時間を気にしなくなってイライラしなくなると考えたのです。

そこで実際に、腕時計を捨ててしまいました。すごく楽になったことを覚えています。正確な時間がわからないので、まったくイライラしないと言えば嘘《うそ》になりますが、それでも以前に比べれば遅刻に対するイライラからは解放されました。腕時計の代わりに見るようになったのは、道行く人々です。いつも見ているもの（＝腕時計）がなくなってしまえば、ほかのものが目に入ってくるのです。

人生は、トレードオフです。二つのものを同時に手に入れることはできません。何かを手に入れれば、何かを失うのです。

学生時代に聞いたエピソードが、今でも頭に残っています。中国の李商隠《りしょういん》という詩人の話でしたが、その詩を訳したのは中国文学者でもあった高橋和巳です。

李商隠は、晩唐の時代の詩人です。当時の中国の詩人は、中国国内を放浪しながら詩をつくり、食《く》い扶持《ぶち》は地方の領主のところでご馳走になるという暮らしをしていました。旅をする李商隠は、岐路《きろ》に立つたびにさめざめと泣いたといいます。

「旅のお方」

土地の人が、不思議に思って声をかけます。

「あなたは何を泣いておられるのですか？」

李商隠はこう答えます。

「道が二つに分かれています。私はどちらかの道を進まなければなりません。片方の道を選んだら、もう片方の道は永遠に捨てなければいけなくなります。私は、そのことが悲しくて泣いているのです」

まさにトレードオフです。一つを選ぶということは、一つを捨てることなのです。時計を持っていることでイライラするのであれば、時計を捨てればいいのです。

若いころの僕は、一時期カメラに凝っていました。一眼レフを購入し、写真を撮っては地域の写真展に応募するカメラ小僧でした。運よく入賞することもあって、写真を撮ることに夢中になった時期がありました。

海外旅行先でも常にカメラを構え、フィルムに収めていました。あるとき、現像された写真を眺めていると、不思議な感覚に襲われました。

「これはどこだろう？ 僕は、本当にこの光景を見たのだろうか」

写真には写っているのに、自分の記憶には残っていなかったのです。自分は何のために旅をしているのか疑問を覚えました。きれいな写真を撮るために旅をしているのだとしたら、それは本末転倒です。それ以来、カメラを持って旅をするのをやめました。

思えば、カメラを持っているときは、遺跡に行っても絶好のアングルを探すために周囲を走り回っていただけのような気がします。肝心の遺跡は、それほど熱心に見ていなかったのかもしれません。カメラを捨てると、写真に残す必要がないことから気が楽になり、見たいものをじっくり見ることができるようになったのです。

僕は二〇〇八年にライフネット生命を開業したのですが、営業を開始して間もなく、生命保険会社としては初めて付加保険料率（生命保険の「製造原価」と「会社の経費」の内訳）を開示しました。

保険料を半分にして安心して赤ちゃんが産める社会を作りたいというミッションを説明するためには、なぜ保険料を半分にできるのかという理由を同時に説明する必要があったからです。当時、よくこんなことを聞かれました。

「大手生保が嫌がる製造原価を公開したことで、嫌がらせを受けませんでしたか」

僕は、この質問に対しては当時から同じ答えを繰り返しています。

「池に石を投げ入れれば、必ず波紋が生じます。石を投げ入れておいて、波紋が起こるのを恐れるのは筋違いというものです。大きい石を投げ入れれば大きい波紋が起こり、小さい石を投げ入れれば小さい波紋が起こります。ただそれだけの話です」

波紋が起こるのが嫌なら、石を投げ入れなければいいのです。

「起業にチャレンジしたいと思っています。でも、途中で今の企業を辞めると、お世話になった人たちからどう思われるか気になってしまい、踏み切れません」

これも講演会でよく出る質問です。トレードオフのひと言に尽きます。

「新しいことをやりたいのか、陰口を叩《たた》かれるのが嫌なのか。あなたの気持ちのなかでどちらが強いのですか。新しいことをやりたいという思いが強ければ、チャレンジしたらいいじゃないですか。陰口を言われるのが嫌だったら、企業に残ればいいじゃないですか。ただそれだけのことです」

池に石は投げ入れたいけれども、波紋が起こるのは嫌だ。トレードオフの原則を無視したようなことは、この世の中ではありえないのです。

「選ぶ」のではなく「捨てる」

トレードオフで大事なのは、選ぶよりむしろ捨てることです。

ご自分の住んでいる部屋を思い浮かべてください。新しい家具を入れようとしても、なかなか入らないのではないでしょうか。そんなときは、思いきって部屋のなかにある家具をすべて捨ててみてください。そうすれば、何でも好きな家具を入れることができます。つまり、何か新しいものを入れようと思ったときには、先に何かを捨てなければならないのです。

部屋のなかを片づければ、空いたスペースに新しい家具を入れることができると考える人もいるでしょう。ところが、それでは部屋のなかで動けるスペースが少なくなり、自由度がなくなってしまいます。一定のキャパシティーのなかには一定のものしか入りません。だからこそ捨てることが大切なのです。

とはいえ、捨てることが苦手という人が多いのは事実です。部屋が汚いという人に整理の仕方を聞かれることがありますが、僕はこう答えています。

「段ボール箱を三つ用意して、いっぱいになるまで捨てなさい。一個一個選んでいくと思い出などに引っ張られて物が捨てられないので、段ボール箱三つを捨てる物でいっぱいにすることだけを考えなさい。いっぱいにしたら、思いきって捨てなさい。捨てられれば、その分だけクローゼットが空くので、新しい物が買えますよ」

捨てることができない人は、最初に捨てる量を決めてしまえばいいのです。とにかく段ボール箱をいっぱいにしなければならないというマイルールを決めて、そのことが至上の価値になれば、一個一個捨てることで悩むことがなくなります。

整理の仕方がわからない人は、意思決定も苦手な人が多いように思います。そうした人には、意思決定のルールを決めるよう助言しています。

まずは「一週間後に決める」ということを決めてしまいます。その期限までの間は徹底的に情報を集め、その情報をもとにして考えに考え抜きます。

そこまでやっても決まらない場合は、一〇円玉の登場です。一〇円玉を投げて表だったらA案、裏だったらB案にすると決めておきます。この方法を用いれば、ほとんどの意思決定は簡単に行なうことができます。

「一〇円玉を投げて決めるなんて不謹慎です」

「そんないい加減な方法で大事なことを決めていいのでしょうか」

不安そうに尋ねてくる人がいますが、僕はそれでいいと断言しています。

「一週間悩みに悩んでも決められないということは、どちらを選択してもたいして差がないということです。ほとんど差がないことのために、さらに一週間時間を使うのは無駄以外の何物でもありません。一〇円玉で決めたほうが、よほど生産的です」

早く正しく意思決定ができる人は、決断力があるわけではありません。物事を決めるためのルールを決めるのが上手なだけです。トレードオフの要諦《ようてい》を知り抜き、潔《いさぎよ》く割り切ることができる人なのです。

超一流のサッカー選手は、ボールを受けた瞬間に自分でドリブルをするか、シュートを打つか、パスをするかを判断し、瞬時にボールを手放します。誰にパスをしようか、自分でドリブルしようか、シュートを打ってもいいかなどと迷っていたら、相手にボールを奪われてしまうのがオチです。

決断をスムーズに行なうには、トレードオフを正しく理解し、どちらかを選ぶための情報をできるだけ多く集め、どちらを選ぶかという決め方（マイルール）を決めておくことがとても大切です。

第二章　仕事と人生の関係

仕事は人生の三割

ある統計を見ると、日本人の年間の労働時間は一七二九時間（二〇一四年）と書かれています。これはサービス残業が含まれていない数字なので、総務省が発表しているサービス残業を含めた約二〇〇〇時間のほうが実態に近いのかもしれません。

一方、一年間を時間で表すと八七六〇時間になります。日本人が実態に近い二〇〇〇時間働いているとしても、八七六〇時間のなかの二三パーセント程度です。家に仕事を持ち帰る人もいますから、職場内での労働時間だけでは判断できません。そうだとしても、どんなに多く見積もってもおそらく三割を超えることはないでしょう。

仕事と人生の関係を算数で考えると、日本人にとって仕事の時間が占める割合はたった三割であるというファクト（事実）が導き出されます。三割という数字は、要するにたいしたことはないということです。

しかし、世の中には「仕事は人生のすべてである」と考えている人がかなりの割合で存在しています。その人たちは仕事と人生の関係を国語（感情や理念）で考えているのです。算数で考えれば、人生の七割は食べて、寝て、遊んで、子どもを育てている時間です。三割と七割という数字は比較するまでもありません。次の世代のために生きている人間にとって、仕事以外の七割が大事であることは自明すぎるほど自明なことなのです。

仕事と人生の関係は、次のように表現するのが実態に適《かな》っているのではないでしょうか。

「人生とは、三割の時間を使ってお金を稼ぎ、そのお金で食べて、寝て、遊んで、子育てをすることである」

「仕事とは、人生の七割を占める最も大切な時間の兵糧《ひょうろう》を確保するための手段である」

だとすると、最近よく使われる「ワークライフバランス」という言葉も間違っていることがわかります。人生に占める割合は仕事（ワーク）が三割、それ以外の生活（ライフ）が七割なのですから、正しくは「ライフワークバランス」と言うべきです。

では、食べて、寝て、遊んで、子育てをする人生の七割は、一人でできることなのでしょうか。

もちろんできないことはありませんが、パートナーや友人がいたほうがより楽しく、豊かな時間になることは明らかです。レストランで素晴らしい料理を一人で食べても、あまり楽しくありません。質素な料理でも友人やパートナーと食べたほうがより美味《おい》しく感じられ、楽しい食事になるはずです。寝るときも、一人では寂しいでしょう。やはりパートナーが横にいたほうが安心して眠れるはずです。遊ぶにしても多くのスポーツは一人ではできませんし、友人やパートナーと一緒のほうがワクワクします。子育ては、パートナーはもちろんですが、幼稚園や保育園の先生や親しい家族・友人とみんなでするほうがはるかに楽しいでしょう。そう考えると、人生で何よりも大切なものは、人生で大切な時間（ライフ）を一緒に過ごすパートナーであり、友人です。それは異性でも同性でもどちらでも構わないと思います。

「デートと残業とどちらが大事なんだ」

そんな言葉で上司に怒られたことのある人もいるでしょう。僕に言わせれば一〇〇パーセント、デートに決まっています。比較するのもおこがましい。何も早く結婚して一緒に住めと言っているわけではありません。極論すれば形態はどうでもいいと思います。人生にとって重要な七割の時間をともに過ごすパートナーや友人は、かけがえのないものであるという事実を確認してほしいのです。

アメリカで最高級の高齢者ホームは、中西部の平凡な大学の中にあると聞いたことがあります。大学の敷地内に建設された高齢者用高層マンションの価格は、ニューヨークの最高級マンションの価格の二倍ぐらいするそうですが、入居待ちの列ができているといいます。僕はてっきりいつでも大学病院に行けるからだろうと推測していましたが、まったく違いました。彼らの最大の関心事は、大学の講義を自由に受けられることだったのです。

高価なマンションなので、入居者はそれなりの資産を持っています。かつての企業経営者や投資家など、一般に人が羨《うらや》むような肩書きが並んでいます。そういう人のなかには、実は若いときに文学を勉強したかった、哲学を勉強したかったという人がいます。現役時代はビジネスが多忙で踏み切ることができなかったけれど、リタイアしてここに入居すればそれが実現できるということが購入動機になっているといいます。

ところが、実際に入居者が楽しいと感じることは別のところにありました。

たとえば経営論の講義の場合、聴講生に高齢者がいると、教授が「ここで、三〇年にわたって企業を経営していたミスター○○に意見を聞いてみましょう」と高齢者を指名するといいます。高齢者は若い人に自分の経験を話し、彼らとのディスカッションほど楽しいことはないと気づいていくのです。

もちろん、こうした施設に入るにはお金がかかります。一方で、友だちと出会い、付き合っていくためにもお金がかかります。では、どちらのほうがよりお金がかかるでしょうか。いらぬ不安を抱えて貯蓄に励むのではなく、自分が稼いだお金を使って友だちをたくさんつくるほうが、人生ははるかに豊かになります。地位や名声を持つ人が最後にたどりついたのが、仲間との触れ合いだったということは象徴的です。

「衣食足りて礼節を知る」

これは、今からおよそ二七〇〇年ほど前の、中国の春秋時代の政治家、管仲《かんちゅう》の言葉からきています。人間は、衣服を身につけ、ご飯を食べ、確保したねぐらで眠り、遊んで、子どもを育てるという七割の人生が大切なので、それらが満たされなければ、礼儀や節度など画《え》に描いた餅《もち》に過ぎないということです。この言葉から学ぶべきは、人生にとってもっとも大切な七割の時間を送るために、まずは稼ぐことが優先されるということです。

すべての動物に共通することですが、大人になるということは、親から餌《えさ》を貰《もら》えなくなることを意味します。つまり、自分で餌を取れるようになることが大人になるということなのです。自分で餌を取ることは、動物であれば狩りをして獲物を捕らえることであり、昔の人間であれば狩猟で動物を捕らえ、森へ行って食べ物を採ってくることでした。現在は貨幣経済の世の中なので、大人になるということは、働いてお金を稼ぐことになります。

「衣食足りて礼節を知る」という教訓が正しいのであれば、人間はすべからく、男も女も大人になったら働き、自分で餌を取るべし、が基本になります。価値の序列としては、すべての人間は何はともあれ働かなければならないということです。

問題は、人生のなかで餌を取る行為をどのように位置づけるかということです。餌を取る行為は大人としての必要条件です。しかし、それは十分条件にはなり得ません。繰り返し述べたように、人間は七割の時間を食べて、寝て、遊んで、次の世代を育てるために使っているからです。

人間にとって仕事は必要条件ですが、その位置づけは時間の使い方からしても三割程度でいいと考えられます。七割の時間が人間にとっては本質的に大事なことなので、七割の時間を過ごすパートナーを見つけ、友だちを見つけることが、人間の生活を健全にし、健全な次の世代を育てることにつながるのです。

仕事を三割と位置づけると、仕事を疎《おろそ》かにすると解釈されがちですがむしろ逆です。たかが三割でたいしたことはないのだから、思い切って自分の信念に基づいた正しい行動をとろうと考えられるはずです。人目や他人の評価を気にせず、自分に正直であればそれで十分。そう腹をくくれる人は、仕事が人生の三割にすぎないことがよくわかっているのです。もちろん仕事が五割でも構わない。それは皆さんが決めればいいことです。仕事も生活も、どちらも大事なことに変わりはありません。僕は、人生においてより大事なことを指摘しているにすぎないのです。少なくとも、パートナーと職場のどちらか大事なほうを選べと言われて、職場を選ぶ人はいないはずです。

仕事は美学ではなく合理性

誤解を恐れずに言えば、人生の三割しかない仕事は「どうでもいいこと」です。

仕事をするうえでは、この「どうでもいいこと」だという認識が大切です。ところが、世の中の多くのビジネスパーソンは「仕事が人生のすべて」だと錯覚しています。そのために、悲しくも滑稽《こっけい》な出来事が起こるのです。

職場で気の合わない上司に仕えることはよくあることです。

古今東西、あらゆる人間社会における共通の悩みの一つは、自分の上司が労働条件の全てであるという事実です。上司は選べません。気の合う上司に仕えるほうがむしろ稀《まれ》であると認識すべきです。にもかかわらず、理不尽な上司に仕えていじめられ、嫌われたりすると、もう俺の人生は終わりだと思ってしまう人があとを絶ちません。やがてすべてのことに投げやりな態度を見せるようになり、うつ病になったり、ひどい場合は自殺したりするのです。

こうした事態に陥ってしまう人は、仕事に対する認識が誤っています。

彼らは「仕事が人生のすべて」だと思っているので、上司に睨《にら》まれたら自分の将来は終わったと思い悩み、自分で自分を勝手に追い詰めていくのです。仕事を「どうでもいいこと」だと考えれば、合わない上司に仕えることも「どうでもいいこと」に変わるはずです。たまたまアンラッキーな時期にぶつかってしまったという程度に思っていれば、気が楽になるというものです。仕事に対する認識が間違っている人ほど、精神的に歪《ゆが》んでいくように見えます。

また「仕事が人生のすべて」になると、上司や周囲の顔色をうかがうようにもなります。

これがもう一つの大きな間違いです。自分が納得していないことを無理に上司に合わせていると、精神的に苦しくなります。うつ病になったり仕事にやる気が起きなくなったりする原因は、人間関係がうまくいかない場合が大半です。「仕事が人生のすべて」だと錯覚しているから、人間関係で悩むのです。仕事は「どうでもいいこと」だと思っていれば、人生のたった三割の時間を過ごす仕事での人間関係で悩む必要などなくなるのです。

加えて「仕事が人生のすべて」だと思い続けていると、こんどは自分が上司になったときに仕事に趣味を持ち込むようになってしまいます。つまり、自分の美学や価値観を部下に押しつけるようになるのです。これほどはた迷惑なことがあるでしょうか。

ある講演会で、演壇に上がった講師がこう言いました。

「私は心を込めて講演をやっています。だからみなさんも、必ず真剣にメモを取って聞いていただきたい。こちらが真剣にやっているのですから、あなたがたにも真剣に聞いていただく必要があります」

メモを取れというのは、その講師の美学にすぎません。講演会は一期《いちご》一会《いちえ》なので僕も一所懸命話しますが、講演中に写真を撮ってもらっても、ツイートしてもらっても、居眠りしてもらっても一向に構わないと思っています。美学や価値観の強要は、みんなが窮屈に感じるだけです。ある人がこんなことを言っていました。

「日本の伝統的な企業が日常やっていることをそのまま家庭に持ち込めば、そのほとんどがドメスティックバイオレンスになってしまうだろう」と。

実際問題、日本の企業では日常的にかなり無茶なことをやっています。そんなことはないと反論する方にお聞きしたいのですが、この言葉をどう判断されるでしょうか。

「若いときは死ぬ気で仕事をやれ。一晩や二晩の徹夜ぐらい当たり前だ」

こんな言葉をパートナーに浴びせようものなら、大変なことになります。企業だからこそ見過ごされている非合理性は、枚挙に暇《いとま》がないほどです。

最近はあまり見かけなくなりましたが、新人教育の名目で「東京駅で名刺を一〇〇枚もらってこい」という研修プログラムに遭遇した経験があります。これを家族にやらせたらどうなるでしょうか。パートナーに「おまえは根性がないから、東京駅に行って名刺を一〇〇枚もらってこい。もらえるまで帰ってくるな！」などと言ったら、たちまちあいそをつかされて逃げられてしまうでしょう。日本の企業という特殊な世界だからこそ通用する、根拠なき精神論の典型です。これも一種の美学かもしれませんが。

私見ですが、このような研修を命じた人を警察が逮捕するというのはどうでしょうか。多忙な人を呼び止めて意味のない名刺交換をやらせるのですから、罪名は威力業務妨害でいいかもしれません。こんなことで若い人の根性を鍛えるなど、迷惑もいいところです。

このような美学を押しつけたいのであれば、プライベートな場でやるべきです。お金を取って希望する若者を集め、精神鍛錬道場を開けばいいのです。この道場では東京駅で名刺を一〇〇枚集めるというプログラムがあるとあらかじめアナウンスする。生徒はあまり集まらないと思いますが、それを社会の公器である企業でやるなどとんでもない話です。

たまたま部下が上司の美学に共感できればハッピーですが、共感できない場合は悲劇でしかありません。仕事が人生のすべてという錯覚は、部下の立場でも上司の立場でも、いいことは何一つないのです。

仕事はプライベートより簡単

ひょっとしたら、多くの人は仕事を難しく考えすぎているのかもしれません。

人生のパートナーとのプライベートな関係には、明確なルールがありません。法律もなければ規則や権限規定もありません。あるのは二人の間の総合的な力関係だけです。この関係をスムーズに構築することがいかに大変かということは、誰もが実感しているはずです。

それに比べれば、仕事は相対的に簡単だと思います。なぜなら仕事は本来、合理的、合目的的にやるものだからです。仕事には「がんじがらめ」と言っていいほどルールがあります。労働法規、就業規則、権限規定、経営理念、経営計画、予算等々。こうしたルールのなかで数字・ファクト・ロジックを駆使して合理的、合目的的に議論すれば、自《おの》ずと解は一つに収斂《しゅうれん》するはずです。それにもかかわらず、仕事上の意思決定が簡単なことを理解している人は、意外に多くありません。

僕と一緒にライフネット生命を起業した岩瀬大輔《だいすけ》は、僕より年齢が三〇歳近くも若い人物です。周囲からは「よく喧嘩《けんか》になりませんね」と言われますが、そもそも喧嘩になるはずがないのです。

ライフネット生命の経営理念であるマニフェストも経営計画も、二人で議論を尽くしてつくり上げています。日々の業務は、この経営理念や経営計画を実現するために数字・ファクト・ロジックを駆使して互いに詰めていき、どちらの考え方がより合理的で実効的かを判断するだけのプロセスです。

単純化すれば、仕事は「$y = f(x)$」で表すことができます。ある目的（y）を実現するための関数です。この関数では、x_1、x_2、x_3……など考えるポイントが数多く存在しています。そのポイントごとに自分が考えたロジックの観点や切り口、その切り口に沿ったデータを出して検証していけば、どちらが正しいかは簡単に導き出すことができるのです。

あるテーマに対して、一方がx_1からx_3までのポイントを挙げ、数字・ファクト・ロジックで詰めればこういう結論になると主張してきたとします。それに対して、もう一方はx_3までの視点に加えてx_4、x_5までのポイントを考えていたとします。その場合は、後者のほうに分があるのは当然です。前者と後者の間に情報量の差があったということです。

合理的であるとはどういうことか。かつて、その点について興味深い体験をしました。

ロンドンに駐在したときのことです。ロンドンに拠点を置く日本企業が集まる日本人会という組織があり、伝統的にロンドンに最初に支店を設けた四社が会長を持ち回る仕組みが確立されていました。日本生命の代表として赴任すると同時に、当時の会長に挨拶《あいさつ》に行くというスケジュールが組まれていました。挨拶に行くと、会長からこう言われたのです。

「出口さんは幹事会で教育担当理事になりましたので、どうかよろしくお願いします」

「どういうことですか？」

「いや、日本人会では有力各社に理事を引き受けていただくルールになっています」

驚きましたが、新参者としては従わざるを得ません。教育担当理事の役割を聞くと、日本人学校の運営だといいます。学校の日常の運営は校長が担《にな》いますが、教育担当理事は学校のマネジメントをやるというのです。教育の現場については門外漢だったので、連合王国の教育について少し勉強することにしました。今でも印象に残っている教育方針がいくつもありました。

保育園では、入ったばかりの園児全員が一対一で向き合います。

「目の前のお友だちをよく見てください。お目め、お鼻、お口をよく見てください。一緒ですか？　違いますか？」

これをクラスの全員の間で何度も何度も繰り返すのです。すると、園児は人間の外見がみんな違うということを心の底から理解するのです。

次に、先生は園児に違う質問をします。

「お友だちの顔がみんな違うことがわかりましたね。じゃあ、見た目が違うお友だちの心の中はどうですか？　どんなことを思っていて、どんなことを感じているか、それはみんな一緒だと思いますか？　それとも違うと思いますか？」

園児は、みんなの外見が違うのであれば、中に入っているものもきっと違うと思うと答えるそうです。

「よくわかりましたね。みんな違うということは、自分の感じたことや思ったことを、お友だちにはちゃんと話さないとわかってもらえないということですね」

連合王国の保育園では、三年間はそのことだけを徹底的に繰り返し、あとは何もしなくていいという方針だといいます。人は誰一人として同じではない。だから自分が考えたことや感じたことを相手にわかるように伝えなければ、永遠に理解し合うことはできない。このことを学ぶための期間が、保育園の三年間だというのです。

続いて、小学校の低学年（キーステージ1）の教育方針について尋ねました。

連合王国では、野山に出て、ひたすら下半身を鍛えるといいます。人間は二足歩行の動物なので裸足《はだし》で土を踏むべきだ、それが健全な心身の成長につながるという考え方です。それさえ徹底できれば、あとは知識の詰め込みだけで十分だそうです。体力がついて、自分の意見が言えれば、いくら詰め込んでも何の問題もないという考え方です。

この話を聞いて、僕は正論だと思いました。

自分の意見を言うとき、独りよがりの理屈では絶対に相手に通じません。できる限り誰にでも理解できるように普遍化しなければ、相手には伝わらないのです。この普遍化は、数字・ファクト・ロジックと言い換えることができます。コミュニケーションで大切なのはまさにこの点です。保育園児からそれを徹底している連合王国は、教育の合理性という点では日本のはるか先を歩んでいることを実感しました。

ダイバーシティが合理性を生み出す

ある県の幹部研修に招かれ、ダイバーシティ（多様性）の話をしました。出席していたのは部局長クラスの人でしたが、次のような質問が出ました。

「変わった人がたくさんいると、意思決定が遅くなるのではないか」

動物園のように変わった人ばかりいる組織は、百家争鳴《ひゃっかそうめい》のような世界になってしまい、意見がまとまらないのではないかというのです。

これは大きな勘違いです。

日本の大企業のボードメンバーは、その会社の生え抜きで、五〇代から七〇代のおじさんばかりです。かつての係長と課長と部長の関係が、常務と専務と社長の関係に変わったにすぎません。

幹部研修で発言した人の意見に従えば、お互いによく知っている同質的な人が集まっている日本企業では、意思決定が早くなるはずです。ところが、日本企業の意思決定は同質性がほとんどないグローバル企業に比べてはるかに遅いのです。なぜでしょうか。

日本企業のような同質的な人間の集団は、よく知っているだけにかえってお互いが阿吽《あうん》の呼吸で気を使い合うため、遠慮し合って曖昧《あいまい》なままで済まそうとするのです。

「このテーマは社長が嫌いだから、避けておこう」

「この考えは、以前、専務にボロクソに言われたから言わないようにしよう」

「社長の意見は少しおかしいが、俺を取締役にしてくれた人だから黙って従っておこう」

こうしたよけいなことを考えるから、迷路に入っていくのです。遠慮や曖昧さという要素が入り込むので、かえって人間関係が重くなり、数字・ファクト・ロジックでシンプルにビジネスを構築できなくなってしまうのです。

日本の社会には「異質な人は秩序を乱す」「異分子が入ると意思決定が遅くなる」という誤った認識を持っている人が数多くいます。もしそれが正しいとしたら、どうしてグローバル企業は意思決定が早いのでしょうか。

グローバル企業はＣＥＯ（最高経営責任者）とＣＯＯ（最高執行責任者）の関係に見られるように、意思決定と業務執行の役割や機能が明確に区分されています。ボードメンバーの大半が社外取締役で、業務のことを詳しく知らない人がほとんどです。しかも女性や外国人の役員もいます。そんな企業が果断な意思決定をできるのは、ダイバーシティがあって、それぞれのバックグラウンドが違うからです。

仕事はプライベートに比べれば簡単だとお話ししました。

企業がやることとは、経営計画を達成するための最善策を選択し、実行することです。何もかも違う人が集まり、数字・ファクト・ロジックで議論すれば、それぞれが独特の数字の見方やファクトの取り入れ方をします。すると優れたアイデアが生まれ、結果的に早く意見がまとまるのです。自分と意見の違う人、自分が常識だと考えていることが通用しない相手には、数字・ファクト・ロジックで話さなければ通じません。否《いや》が応《おう》でも合理的に話をするように変わっていきます。

僕と岩瀬の関係のように、経営理念と経営計画に基づいて$y=f(x)$を議論し、数字・ファクト・ロジックで相互に検証すれば、これしかないという解を示すことができます。むしろ、異質の人がいるほうが趣味や好みなどの美学を持ち込まないので、企業の経営理念や経営計画に対してクールな判断ができるのです。

わかりやすい例でお話ししましょう。

数年前、ライフネット生命の若手を集めて話をしたことがあります。一通り話が終わったあと、三二歳だった当時の企画部長が僕のところに乗り込んできました。

「出口さん、今の言い方は何ですか。言いたいことはよくわかりますが、あんな言い方をされたら、僕ら若い人は反発するばかりですよ。次からは同じことを言いたかったら、こういうふうに言ってください」

そう言ってひとしきり吐き出すと、彼は部屋を出ていきました。

当時、僕は確か六四歳でした。だからこそ成立した会話だったと思います。僕の上の子どもは彼より年上ですから、自分の子どもが生まれたときにまだ彼はいなかったのだと思うと、競争心や気を使うという感覚がはなから生まれません。だからこそ、お互い機能を重視したストレートで合理的な議論ができるのです。

前に勤めていたような大企業だったらどうなっていたか、手に取るようにわかります。

そもそも、六四歳の社長に三二歳の従業員が直接話をする機会はありません。企画部長といえば、五五歳ぐらいのいい年齢です。もし五五歳の企画部長が社長に意見を言いたいと思ったら、然《しか》るべきルートでアポイントを入れ、まずは酒席を設定するのではないでしょうか。社長の予定によっては、実現するまでに何週間もかかるかもしれませんが。

会食の日になって、緊張しながら当たり障《さわ》りのない話題から入っていきます。アルコールがだいぶ回ったあと、意を決して口を開きます。

「酔ったついでに、失礼なことを申し上げてよろしいですか」

怪訝《けげん》な顔をする社長に、清水《きよみず》の舞台から飛び降りる覚悟で意見を述べます。

「先日の会議での社長のおっしゃり方に、私はちょっと違和感を覚えたのですが、それは気のせいでしょうか」

何ともまどろっこしいやり方です。こうなってしまう原因は、年齢が近いために、お互いに気を使い合うからです。ストレートに言えば怒られるかもしれないなどとよけいなことを考えて、意思決定が遅れるのです。年齢というダイバーシティがあるだけで、意思決定が早くなることがご理解いただけたと思います。これに女性や外国人という要素が加われば、さらに合理的な判断ができるようになると思うのです。

興味深いのは、この三二歳の企画部長は僕にははっきりと意見を言うのですが、同じ三〇代の岩瀬副社長には少し気を使っているように見えるのです。年齢が近いと、無意識に競い合うからでしょうか。

五〇歳の人が八〇歳を超えたおじいさんに苦言を呈されても「この人は経験豊富だからいくら厳しいことを言われても仕方がない」と思えるはずです。あるいは、一七歳ぐらいの高校生に何かを言われたとしても、彼の未熟さを微笑《ほほえ》ましく思い「俺にもあんなときがあったな」と思うぐらいで許せるでしょう。しかし、二、三歳程度しか離れていない人に言われたら「こいつ、俺の苦労を知っているのか」などと感情が先に立って反発してしまいます。人間は愚かな動物なので、同質性があるほうがむしろやっかいなのです。

狭いところに同じような人がいたら、お互いに気を使い、遠慮し合い、競い合うから息苦しくなるのです。四畳半の部屋に五〇代のおじさんが五人いたとしましょう。かなり辛《つら》い状況です。気を使い合ってお互いに縮こまっているときに、誰か一人が足を伸ばしたら、周りのおじさんはこう思うでしょう。

「こいつ、みんなが我慢しているのに一人で足を伸ばしやがって、気にいらん」

一方、変わった人ばかりだという前提に立てば、かえってその存在を気にしなくなるものです。四畳半にいる五人が、外国人、若い女性、おじいさん、高校生、おばさんだったらどうなるでしょうか。五人が五人ともそれぞれ違うので、かえって気楽なのではないでしょうか。そのとき、高校生が足を伸ばしたとしましょう。

「若い奴《やつ》は、礼儀を知らないんだな」

そう思えば、それほど腹も立ちません。ダイバーシティのあるほうが、かえって楽だということは知っておいて損はないと思います。

同質性を必要以上に意識しないためにも、仕事はどうでもいいことだと割り切ることが大切です。

人生の三割でどうでもいいことであれば、多少上司に嫌われても、少しぐらい人間関係が壊れても、自分の腹に落ちたことだけを堂々と主張し行動すれば、それでいいと割り切ることができます。自分の人生のメインは七割にある。家族がいて、友だちもいるのだから自分に正直であればそれでいい。そう思えれば、仕事で何が起こっても平気なはずです。思いきって自分の考えたことを言い、やりたいことがやれるはずです。

「天知る、地知る、我知る、人知る」という言葉があります。順序を見ればわかりますが、「人知る」は最後です。人の目を必要以上に意識する必要はありません。結果として合理的な判断ができ、意思決定が早くなるのです。

仕事とそれ以外の人生が三対七であるという関係を理解することは、人生のあらゆる場面でプラスに作用すると思います。とくに四〇代、五〇代になったら、いろいろな経験を積んだ結果としてこのことが理解できるはずなので、自分が実践することはもちろん、その考えを若い世代にも伝えていくべきではないでしょうか。

「俺も若いときは仕事がすべてだと思ったこともあるけれど、年をとってみたら、それは間違いだったことがよくわかるんだ」

経験者の言葉ほど重みのあるものはありません。この三対七の構えを、若い人に教えていくことはとても大事だと思っています。

仕事の質は「楽しさ」で決まる

仕事をどうでもいいことだと割り切ることは、いい加減な仕事をすることと同義ではありません。では、仕事の質を上げるためにはどうすればいいのでしょうか。

「元気に明るく楽しく」

僕はそう思っています。元気で明るく楽しく仕事ができてはじめて、お客さまに心のこもったサービスが実行でき、お客さまが増えると考えるからです。お客さまが増えれば増えるほど、お金の出し手である株主（シェアホルダー）も喜ぶという好循環が生まれます。

ビジネスを進めるうえで主として関係してくるのは、お客さま、シェアホルダー、従業員の三者です。この三者の位置づけを考えるとき、僕は従業員、お客さま、シェアホルダーの順で考えるべきだと思っています。

ビジネスである以上、お客さまが第一ではないか。そんな疑問を持たれる方も多いと思います。しかし、従業員が元気で明るく楽しく働いている企業でなければ、お客さまに喜んでいただけるサービスは決して提供できないと思うのです。

よく考えてみてください。店員がものすごく憂鬱《ゆううつ》そうな顔をしているレストランに、お客さまが大挙して押し寄せるでしょうか。従業員がお客さまにサービスを提供することを毎日ワクワクしながら楽しんでいなければ、お客さまへの対応もおざなりになります。お客さまが集まらなければ、シェアホルダーも決して喜ばないはずです。ビジネスにおいてこの順序は普遍的で、差別化はここからしか生まれないと僕は考えます。

どんなビジネスモデルでも、お金と時間を無制限にかければ再現できます。オイルマネーで潤《うるお》うアラブのお金持ちから「何兆円でも出すからトヨタのレクサスと同じ車をつくってみろ」というオーダーを受けたとしましょう。レクサスを何百台も買い集め、分解し、年収一億円という破格の条件で世界中から優秀な技術者を集めれば、しばらく経《た》てばレクサスができてしまうでしょう。

お金と時間を無制限にかければ何でもできるということは、換言すれば時間とお金さえかければほとんどのビジネスモデルは真似《まね》されるということです。ここに、差別化が生まれる余地はありません。だとすると、差別化の要因になり得るのは、従業員のやる気とモチベーションに尽きるということになります。

「朝起きて、今日も職場に行くのが本当に楽しい」

「お客さまに良いサービスを提供することを考えると、ワクワクする」

従業員がそう感じていれば、それぞれがいろいろなことを考えるようになります。

「どうしたら職場がもっと楽しくなるだろうか」

「お客さまにもっと喜んでいただくために、何ができるだろうか」

大企業によくあるパターンは、会社に行くのが憂鬱で、それでも妻子の顔を見たら行くしかないと自らを奮い立たせている従業員です。そんな従業員では、きっと指示された最低限の仕事しかやらないでしょう。そこから決していいものは生まれません。

いい仕事は、すべて人間の脳から生じるものです。優秀な人の定義は「頭のなかにさまざまな情報を持っていて、その情報を材料に自分の頭で考えて、自分の言葉で自分の意見やアイデアを表明できる人」です。つまり、いろいろな情報をインプットし、自分の頭で人とは違うことを考える能力の高い人のことです。

ところが、いくら優秀でも職場の雰囲気が暗く、上司が理不尽で怒鳴ってばかりいれば、浮かんだアイデアを出そうとはしないでしょう。従業員が優秀であることは必要条件であって、十分条件は従業員が元気で明るくて、ワクワクするほど楽しい雰囲気の職場であることなのです。

また、時にはびっくりすることも必要です。

楽しむことでも脳は活性化しますが、驚くことでさらに脳は活性化します。いつも一緒に飲んでいる人とカラオケに行くと、お互いが歌う歌をわかっているので「ああ、もうじきあいつの十八番が出るぞ」と予測がついてしまいます。もちろん楽しいのですが、びっくりはしません。同質性による安楽な時間が流れるだけです。

ところが、まったく知らない人とカラオケに行くと初めて聞く歌に驚きを感じます。二〇代の学生とカラオケに行ったときは、六〇代の僕にとってはすべての曲が新鮮でした。

「この歌を覚えたら、モテるかな」

「誰が歌っている曲なんだろう」

興味をそそられ、学生にあれこれ尋ねました。それまでとは違う歌を聞くことでダイバーシティに触れ、驚き、脳が活性化した証拠です。職場でもさまざまな工夫を凝らして従業員をびっくりさせることが大切です。びっくりすることで人間の脳が活性化されるように、職場も活性化させることができるのです。

ライフネット生命でも、面白いことがありました。

あるときから、日本語の話せない女性のインターンが働くようになったのです。僕には、採用を許可した覚えはありません。不思議に思っていると、しばらくしてスタッフが慌《あわ》てて報告にやってきました。

「すみません。出口さんに報告するのを忘れていました」

報告に来たスタッフは大学時代、学生が運営する組織としては世界最大で、ネーデルランド（オランダ）に本部を置くアイセック（国際経済商学学生協会）の下部組織アイセック・ジャパンの委員長をやっていたそうです。その縁で後輩に頼まれて、断りきれずに台湾からの優秀な留学生を三カ月間インターンとして引き受けることにしたというのです。

「ああ、そうだったのか。別に構わないよ」

受け入れるのは問題ないのですが（既に着任済みですから、他に解はありません）、彼女は日本語がまったくできません。どうなることかと思って社内を見ていると、従業員が彼女とコミュニケーションを取るために、英語教室と中国語教室を立ち上げたのです。多くの従業員が参加し、楽しそうに勉強していました。

日本語ができないインターンが来たことでダイバーシティが生まれ、驚き、従業員の脳が活性化したのです。それが英語教室と中国語教室の創設につながり、多くの従業員が英語と中国語に触れる機会が生まれました。

仕事の質は楽しさと驚きで決まるという考えには、こうした根拠があるのです。楽しくてびっくりしなければ、本当の意味で生産性は上がらないと思います。

ダイバーシティと楽しさがある組織が勝つという論を裏づける事例は、古今東西さまざまなところに見られます。古くは、孟嘗君《もうしょうくん》の食客《しょっかく》が好例でしょう。

紀元前三世紀ごろ、中国戦国時代に生きた孟嘗君という王子は、父親の田嬰《でんえい》が屋敷に招いた食客（居候《いそうろう》）の世話を命じられました。それぞれ異なる才能を持つ食客の効用を見抜いた孟嘗君は、父の後を継ぐと、さらに多くの食客を迎え入れたといいます。

紀元前二九九年、秦《しん》の昭襄王《しょうじょうおう》が孟嘗君を宰相として招きますが、昭襄王の側近が異を唱え、孟嘗君は殺されそうになります。食客とともに自分の国へ帰ろうと画策しますが、函谷関《かんこくかん》という関所にたどり着いたときには真夜中になっていました。

関所の門は、朝になってニワトリが鳴くまで開きません。追っ手は迫っています。万事休した孟嘗君のもとに、物真似名人の食客が名乗りを上げます。食客がニワトリの鳴き真似をすると、あたりのニワトリがつられて鳴き出しました。

「お！　鳥が鳴いたな。暗いけれど、まあいいか」

門番は門を開け、おかげで孟嘗君は逃走することができたといいます。

いろいろな才能を持った人がいるほど組織は強くなります。企業で言えば、さまざまなアイデアを持った人を集めないとビジネスに勝つことはできません。さらに言えば、元気で明るく楽しい職場をつくることで、さまざまなアイデアが出てくるのです。

現代の企業で、従業員を楽しませることで脳を活性化させているのがグーグルだと思います。

グーグルには、労働時間のうち二〇パーセントに当たる時間は仕事以外のことに取り組んでよいというルールがあるそうです。その時間を使って、従業員は昼寝をしたり、映画を見たり、バスケットボールに興じたりします。遊ばせているのは従業員を甘やかしているわけではなく、脳を活性化させようとしているのです。休んだり、楽しんだりすることによって、それまでとは異なるアイデアが出てくるのです。

また、グーグルは伸び盛りの企業なので、必然的に残業も多くなってしまいます。そこで、従業員向けの食堂を朝昼晩とも無料にしていて、高級レストラン顔負けの味だといいます。これも脳の活性化を考えたうえでの施策です。美味しいものを楽しく食べて、そこで一休みすることで脳が活性化するのです。元気で明るく楽しくというのは、根拠なき精神論や根性論の対極にある、人間の脳の構造に見合った合理的な考え方なのです。

第三章　二〇代の人に伝えたいこと

やりたいことは死ぬまでわからない

人間は動物であり、仕事は人生の三割だという認識に立てば、毎日の仕事もこれまでとは随分違って見えてくるのではないでしょうか。

本章と続く第四章では、これまで僕がやってきた仕事（大企業の話になりますが）を振り返りながら、二〇代、三〇代、四〇代それぞれの仕事について考えてみたいと思います。みなさんも、ご自身の経験と照らし合わせながら読んでみてください。まずは入社して間もない二〇代の仕事のあり方です。

講演会で話をすると、若い人から次のような質問を受けることがあります。

「仕事をしていると、ものすごく落ち込むことがあるのです。成長したいと思ってがんばっているのに、なかなかうまくいかないからです。そんなときはどうしたらいいのでしょうか」

　僕は、必ずこう答えます。

「彼女や彼氏がいる人は彼女や彼氏と、いない人は友だちと美味《おい》しいごはんを食べて、食後に大好きなスイーツでも食べて、たっぷり眠ることです」

　質問した人は、怪訝《けげん》そうな表情で言います。

「いや、もうちょっと真面目《まじめ》に答えていただけないでしょうか?」

　僕は大真面目です。

「いやいや、本気で言っているのですよ。悩んだときこそ気分転換が必要なんです。好きなものをたらふく食べて、デートして、ぐっすり眠れば気分も変わるでしょう?」

「そうですかねえ……」

　不服そうな表情は変わりません。

「読書家の出口さんのことですから、落ち込んだときに読む本を紹介してもらえるかと思っていたのですが」

「でもね、落ち込んだときに難しい本を読んだら、余計に落ち込みませんか? 第一、心身ともに元気でなければ、本は読めないですよ」

若い人は、仕事を通じて自己実現をしたいと考えているようです。もっと言うと、自己実現しなければならないという呪縛《じゅばく》にからめとられています。だからこそ迷い、悩み、苦しみ、藁《わら》をもつかむ思いでこのような質問をするのでしょう。

しかし、二〇代で自己実現などできるはずがありません。人間の歴史を見れば、二〇代の若さで自分が何をしたいかわかっている人はむしろ少数派であることがよくわかります。僕は今でこそ生命保険については生き字引の一人と言われるようになりましたが（二〇〇四年に岩波書店から出版した拙著『生命保険入門』のおかげです）、二〇代のとき本当にこの仕事をやりたかったのかと問われれば、まったく自信がありません。

僕が日本生命に入ったのは、まったくの偶然です。

司法試験に合格して法曹界に進むつもりでしたが、不合格になったので、たまたま滑り止めで受けていた日本生命しか行くところがなくなったというのが真相です。日本生命という会社については、生命保険を売っている会社という印象しかなく、具体的に何をやっているのかさえ知りませんでした。就職が決まって、大学の憲法ゼミの恩師に卒業の挨拶《あいさつ》に行ったときのことです。

「出口くんは、どうするの？」

「通ると思っていた司法試験に落ちてしまったので、日本生命という会社に行くことにしました」

先生の若干浮世離れしたような質問が秀逸でした。

「その会社は、憲法とどういう関係があるのですか？」

「すみません。わかりません」

そう答えるしかありませんでした。以来約四五年間を生命保険業界で過ごしてきたので、嫌でも生命保険については詳しくなりました。ただそれだけの話です。そもそも人間なんてそんなものです。人生のほとんどは偶然によって決まります。ほとんどの人間は、自分が本当に何をしたいのかわからないまま死んでいく。それが普通の人生だと思います。

理想の職場を選ぶことは、若者が理想の相手を選ぶことと似ています。

地球には七〇億人の人間がいて、女性と男性はだいたい半々です。そのうち結婚適齢期の人が半数ぐらいいると仮定すれば、それぞれ一七億人ほどいる計算になります。一七億人にも及ぶ人を丁寧にスクリーニングして、自分にとって理想のパートナーを見つけている人は世界中どこにもいません。たまたま出会った人と相性がよく、たまたま結ばれたにすぎません。人生を送るうえで何よりも大事なパートナー選びでさえ、その実態はほとんど偶然が左右しているのです。

そうだとすれば、わずかな期間の就職活動で自分に合った理想の職場や仕事が簡単に見つけられるはずがありません。ましてや、自分に本当に合っているかどうかさえわからない仕事で、自己実現などできるはずがないのです。

自己実現を望むのであれば、死ぬ間際《まぎわ》に判断すればいいのです。

「自分は、やりたいことをそこそこやってきたな」

「一〇〇パーセントとは言えなくても、言いたいことも言ってきたな」

人間は、そう思いながら死ぬのが最高の幸せだと思います。生まれてわずか二十数年しか経《た》っていない若者に、本格的な仕事の訓練も何も受けていない段階で、自己実現できる職場や仕事が見つけられるはずがないのです。ご縁を大切にして、今いる場所でとにかく試行錯誤しながら、一生をかけて自己実現できる職場や仕事を見つけていく。そういう「ゆるい」考えで十分なのではないでしょうか。

そもそも、何をもって自己実現と言うのでしょうか。

自己実現に強迫観念を抱いている若者は、おそらく就職情報誌やマスコミに煽《あお》られているだけでしょう。若いうちは、昔と同じで丁稚奉公《でっちぼうこう》の時代と思っていたほうがいいと思います。昔の商家では、丁稚奉公のときは有無を言わさず仕事をやらされました。忙しく厳しい環境のなかで考えながら仕事に取り組んだ丁稚だけが、成長して番頭に昇格していったのです。

就職は相性で十分

では、大学を卒業したばかりの二〇代前半で、どのように企業を選べばいいのでしょうか。大学生向けの就活関係の本には、次のように書かれていたりします。

「一〇年後に輝くような企業を探して就職しよう」

学生を惑わすにもほどがあります。一〇年後に輝くような企業を見つけることができるのであれば、日本人は誰もがミリオネアになっているはずです。その企業の株を購入しておけば、一〇年後の株価は何倍、何十倍にもなっているはずだからです。

ところが、日本人全体がミリオネアになったという話はいっこうに耳にしません。つまり、光り輝く企業を見つけなさいと言っている当の大人自身が、誰も一〇年後のことなどわかっていないのです。

ましてや、右も左もわからない学生が、そんな企業を見つけることなどできるはずがありません。一〇年後に光り輝く企業を見つけようとして、三五〇〇社ある日本の上場企業だけをチェックしたとしても、膨大な時間がかかってしまいます。そんなことをすれば勉強する暇がなくなるので、僕が学生に言いたいのは「就職は相性で十分」だということです。

朝九時から夕方五時頃まで長時間働くのに、顔を見ただけでも不快になる人と一緒にいるのは苦痛以外の何物でもありません。企業選びでまず優先すべきは、居心地の良さや相性です。相性を見極めるには、何度か企業訪問をするだけで十分です。

「うちの会社は一〇年後に光り輝いているから、きみも仲間として働きませんか」

人事担当者はそう言います。だいたい、人事担当者は優秀な人間を採用することしか考えていないので、美辞麗句しか並べ立てません。おそらく当社もそうでしょう。みなさんが知っておかなければならないのは、人事担当者はセールスパーソンだということです。そのことを踏まえたうえで、観察力をフル稼働《かどう》させてください。

エレベーターに乗ったときに、その企業の従業員と乗り合わせたとしましょう。彼らの顔色をよく見てください。一様に沈み込んだ表情をしていたら、人事が何と言おうとその企業は暗いと思って間違いありません。エレベーターの中が汚れていれば、その企業のモラルは低いと見ていいでしょう。受付の人が取ってつけたような笑顔をしていたら、その企業では自然体で働くことができないと考えていいと思います。一方、エレベーターに乗り合わせた人が仲良くなれそうだと感じたり、一緒に飲みに行っても楽しそうだと感じたら、その直感を大切にしてください。

もう一つのポイントは、数字・ファクト・ロジックです。

企業の業績は一年や二年ではわからないので、最低一〇年間の株価や売り上げの推移を見てください。どのような企業でも山あり谷ありを繰り返しているでしょうが、山と谷を繰り返しながらも一〇年前と比べて全体として上り調子であれば、まあまあ大丈夫だと判断できます。逆に山あり谷ありを繰り返して一〇年前と比べて下り調子だったら、将来性は厳しいと判断するべきです。

企業の将来性を判断することは、経験を積んだビジネスパーソンにとっても困難なことです。学生にわかるはずがないのですから、大雑把な業績推移と相性で選んでいいと思います。

さて、相性で選んだ企業にめでたく入社したとしましょう。

二〇代前半の若者が最初に意識すべきことは「石の上にも三年」という考え方です。

どんな芸事でも三年間サボらずに続ければ、なんとか人前に出せるレベルにはなります。企業の仕事もまったく同じで、三年間ひたすら仕事に向き合うことで、ビジネス社会で生きていく何らかのノウハウがある程度は身につくということです。

企業は相性と一〇年間の業績推移で選び、選んだ以上は余計なことは考えない。

「この職場でよかったのだろうか？」

「この仕事をしていることに、何の意味があるのだろうか？」

そんなことを思い悩む前に、まずは一所懸命に与えられた仕事をやるべきです。三年やれば、営業でも経理でも、何らかのノウハウは身につくでしょう。いろいろなことを考えるのは、ある程度の武器を手に入れてからでも遅くありません。

「この職場でこのまま働いていていいのだろうか？」

「辞めて転職したほうがいいだろうか？」

その疑問に対する決断は、その時点からでも十分間に合います。三年間働いてノウハウを身につけてからチェンジすることは、決して悪いことではありません。自分に力があれば、転職はいくらでもできます。三年経って転職する二〇代を採用する企業もたくさんあります。ライフネット生命でも、条件が不利になることは一切ありません。何しろ、新卒の定義が「三〇歳未満」なのですから。

当社には、ユニークな職歴を経て入社した従業員がいました。

彼は日本の大学を卒業すると、すぐにインドに向かいます。これからはインドの時代だと考え、インドでベンチャーを立ち上げるためです。ところが、一生毎日カレーを食べることにしんどさを覚え、日本に戻って投資銀行の仕事を始めました。

しかし、インドで働いた経験があるので、東京の投資銀行はドメスティックな職場だと感じたそうです。このままでいいのかと自問し、迷った末に香港のプライベート・エクイティに入っています。ライフネットに来たのは、その二年後のことです。

彼は二八歳で入社したので、六年で三つの企業を経験したことになります。それでも採用面接で彼の経歴が問題視されることはまったくありませんでした。入社後すぐに頭角を現し、ライフネット生命の株式新規公開（ＩＰＯ）を、アドバイザーに頼ることなくほとんど一人で取り仕切りました。普通に見れば、短期間でインド、東京、香港と移っていれば、色眼鏡で見られるかもしれません。しかし、能力のある人はどこへ行っても仕事はできるのです。二〇一四年の春、彼はより小さいベンチャーの立ち上げを手助けしたいとライフネット生命を卒業していきました。これからも彼のチャレンジを応援したいと思っています。

彼は石の上に平均二年しかいませんでしたが、できれば最初の三年ぐらいはあらゆることを吸収することに没頭してください。企業を渡り歩きたい人は、力をつけたらどんどんチャレンジすればいいと思います。いつでも、何回でもチェンジできる時代ですから、最初の企業選びに深刻になりすぎることはありません。余計なことを考えず、最低三年間ひたすら仕事をするのが二〇代であると考えてほしいと思います。

世の中は、往々にして理不尽なものです。最初に入った企業で、理不尽なことに見舞われる可能性はそれなりの確率であると思います。それでも、最初に地獄の上司に仕えたら、どんな理不尽なことがあっても耐えられるようになり、人間として強くなります。

反対に、最初に仕えた上司が仏のような穏やかさだったら、それに慣れてしまって地獄の上司に対応できなくなってしまいます。若いときは体力もあり、耐性も強いので、最初の仕事は黙ってがむしゃらにやるほうがいいと思います。

がむしゃらというのは、デートより残業を優先しろという意味ではありません。企業の就業時間に定められている八時間は必死にやれということです。

人間の集中力は二時間ぐらいしか続かないと言われています。必死に仕事をすれば、八時間も続くはずがないのです。二時間経ったら一度休まないと、眠くなったり、集中力が途切れたりします。その二時間を三回から四回繰り返せば、怪物並みの体力と集中力がある人間以外はグッタリするはずです。徹夜することで仕事をした気になるのは、単に自分はがんばったという錯覚にすぎません。

幸運な時代の終焉《しゅうえん》

伝統的な日本企業は、仕事の成果よりも従業員のロイヤリティ（忠誠心）を評価する傾向があります。ロイヤリティは組織に対する帰属意識のことで、どちらかと言うと終身雇用制度に引きずられた概念です。自由な転職がないという前提なら、忠実な従業員のほうがいいという発想です。

このガラパゴス的な労働慣行が行なわれている原因は、三つの前提条件で説明できます。すなわち「キャッチアップ型工場モデル」「人口増加」「高度成長」です。

第二次世界大戦によって日本は焼け野原になりました。戦時中は言論統制があったので抑えられていましたが、ほとんどの人には日本が戦争に負けた原因がよくわかっていました。大和魂が足りなかったと本気で思っていた人はおそらく皆無でしょう。

その原因を簡単に言えば、太平洋戦争は主として海での戦いだったので、空母の数が明暗を分けたのです。日本は、どんなにがんばっても年間二隻《せき》から三隻しかつくれません。一方のアメリカは、二〇隻から三〇隻つくることができる生産能力を有していました。この差が、戦争の帰趨《きすう》を決したのです。

日本人はそのことをわかっていました。戦後の日本を復興させるためには、アメリカのように高度な技術力を身につけて産業を育成し、経済力をつけなければならないということを理解していたのです。

その時点でアメリカを見ると、ゼネラル・エレクトリック（ＧＥ）やゼネラル・モーターズ（ＧＭ）といった企業が国を引っ張っていました。日本もＧＥやＧＭのような企業（電気電子産業、自動車産業）をつくれば豊かになれるということが、おぼろげながら見えていました。そこで、キャッチアップ型工場モデルでアメリカの真似《まね》をすることに決めたのです。

目的と方法論がわかっているときの最善策は、誰かが振る旗を見ながら、市民が何も考えずにがむしゃらに働くことです。旗を振ったのは通商産業省（現・経済産業省）をはじめとする霞が関の役人で、市民は働けば豊かになれると信じてがむしゃらに働きました。

キャッチアップ型工場モデルは大成功しました。その結果、高度成長が三〇年から四〇年続き、しかもこの間一貫して人口も増え続けたのです。戦後、外地から人が引き揚げてきたことで人口が増え、人々が赤ちゃんを産んだことでさらに人口が増えました。バブル崩壊は一九九〇年のことですが、労働人口はその残滓《ざんし》が見られた一九九四年まで増え続けます。つまり、戦後からバブル崩壊までは、キャッチアップ型工場モデル、人口増加、高度成長という三つがこの国の無条件の大前提になっていたのです。

この間、企業はどうしていたのでしょうか。

戦争で潰《つぶ》れた国は、市民に社会保障を提供する余裕がありません。皆保険、皆年金の制度が完成したのは一九六一年ですから、少なくとも戦後一六年間は企業が社会主義国家における「人民公社」と同じような役割を担《にな》い、揺りかごから墓場まで従業員の面倒を見ていたのです。制服、社員食堂、社宅、社内預金、グループ保険、社内運動会、全国の保養所、企業年金、加えて社葬等々です。

高度成長期のわが国は、毎年七パーセント程度の成長を達成し続けました。年間七パーセントの成長といえば、およそ一〇年で経済規模が二倍になる計算です。キャッチアップ型工場モデルでアメリカを追い求めればそのまま企業も成長するので、経営者はみんな同じことをやればいいと考えます。

何か人と違ったアイデアを考え出せば、七パーセント成長が一気に二〇パーセント成長になるかもしれません。しかし、それが仇《あだ》となってマイナス成長に転じると困るので、何も新しいことは考えなくていいという思考回路に陥っていきます。政府は働けば必ず豊かになると言い続け、市民すべてが唯々諾々《いいだくだく》と従ってきたのです。

七パーセント成長が続けば、慢性的に人材不足に陥ります。従業員一〇〇〇人の企業の場合、定年退職者抜きで考えても、単純計算で毎年七〇人足りなくなるからです。企業は一刻も早く人を採用しなければならないので、大学生の青田買いに走ります。典型的なケースは、卒業式の日に新卒者を独身寮に入れてしまうようなパターンです。企業から見れば、学生を卒業後一カ月も遊ばせている余裕などありません。

企業が何も考えなくていい人材を求めるので、大学側も学生も、勉強などどうでもよくなってしまいます。体力があり、厳しいことを言っても潰れそうになく、どんなに無茶を言っても文句を言わず黙々と働く人材は、青田買いで十分確保できたのです。

ビジネスは成果がすべて

労働分配率が変わらないと仮定すると、七％の高度成長が続けば一〇年で給料も約二倍になります。入社してから自分と合わない企業だと思っても、給料を失いたくないので辞めることはありません。そのうち、屁《へ》理屈を言う輩《やから》が現れます。

「嫌な仕事をするから給料がもらえるんだ」

「好きなことをやって、給料なんかもらえるはずがないだろう」

「嫌いな上司に仕えるから、給料が上がるんだよ」

誰もがその理屈を疑うことなく受け入れ、やがて給料は「我慢の対価」という価値観ができあがっていきます。なるほど、我慢して働き続けているうちに、給料は二倍になりました。よほどのことをしない限り、辞めさせられることはありません。これが人生なのだと達観し、従業員はますます文句を言わず黙って働くようになります。

企業の間にも、不文律が形成されていきます。

例えば、ライバル企業から来た人材は採用しないという暗黙の紳士協定です。これは、業界によっては今でも残っています。

日本生命の役員が、日本生命を辞めて第一生命の役員になることはまずありえません。三井住友銀行の役員が頭取に反旗を翻《ひるがえ》し、三菱《みつびし》東京ＵＦＪ銀行の役員に転じることもないのです。こうして、企業の人事システムは終身雇用になっていきます。

終身雇用制が確立すると、年功序列の評価システムができあがるのは、ごく自然な流れでした。

そもそも、人事ほどしんどい仕事はありません。同期が一〇人いたとして、その一〇人に一位から一〇位までランク付けをする仕事など、誰がやりたいと思うでしょうか。しかも、営業成績が明確に出る営業部門の評価でさえ実は難しいのです。

「彼の成績が良いのは、良い顧客を与えられたからだ」

「僕の与えられた顧客は、赤字で文句ばかり言っていて数字（業績）にならない」

自分の業績を棚に上げて、仕事（顧客）の配分が間違っていると責任転嫁《てんか》する従業員も出てくる始末です。ましてや、管理部門の評価など、難しくてお手上げです。

その点、終身雇用で従業員を囲い込むと決めて年功序列にすれば、比較的文句は言われなくなります。成績ではなく年次によって役職や給料を上げていくと決めれば、不満分子に対しても「君も来年になったら上がるんだから」と言っておけば、仕方がないと諦《あきら》めてくれます。年功序列が成立した背景には、終身雇用という特異なシステムがあったのです。

年功序列で処遇をすると、役職者は高齢者が占めることになります。その状態が続くと、次から次へと上がってくる後輩のポストがなくなるので、役職定年や定年を定めて企業を去ってもらうようにしなければなりません。定年で企業を放り出されても誰も文句を言わないのは、手厚い退職金や企業年金制度が控えていたからです。

こうしてみると、「青田買い、終身雇用、年功序列、定年制」という日本独特の雇用システムは、ワンセットであることがわかります。先ほど述べたように、この一連のシステムはキャッチアップ型工場モデル、人口増加、高度成長という三条件があってはじめて成り立つ特異な慣行です。こうした慣行のもとでは、自《おの》ずとロイヤリティが重要になってきます。

ロイヤリティを測る物差しのなかで最も単純なものは時間です。

長い時間職場にいる従業員は、職場が好きに違いないと判断されるようになります。朝早くから夜遅くまで働いて、休日も出勤する従業員が評価されるのです。そこでは、仕事の成果という概念はどこかへ消えてしまいます。

年中無休、早朝から深夜まで開いているラーメン屋であっても、客が一人も来ないようなまずいラーメンしかつくれなければ、ロイヤリティがいくらあっても評価されません。一日三時間しかオープンしなくても、行列が途絶えないほどおいしいラーメンをつくれば、高く評価されるのは当たり前のことです。

グローバルに見れば、ビジネスはプロセスではなく成果であることがよくわかります。プロセスだけで評価していると、やがて組織は衰退していきます。

戦後五〇年、日本ならではの特異な雇用システムを続けてきた結果、日本はそれなりに素晴らしい成果を挙げることができました。ところが、前提となる三条件が失われた今、この特異なシステムは崩壊しかけています。にもかかわらず、今でも日本的経営は素晴らしいなどと言って、この特異なシステムが続けられているのです。

これは、現在の経営陣が成功体験を捨てられないからです。人間が成功体験を捨てることはおそらく不可能です。成功体験を捨てるには、ダイバーシティを取り入れ、多様な人材を経営陣に入れるしかありません。ところが、日本では五〇代から七〇代の成功体験を持つ男性が企業の経営陣をほぼ独占しています。

「俺は若いころ、必死に働いて企業を大きくしたんだ」

彼らはそういった成功体験から逃れられないので、若い従業員もロイヤリティで評価するようになってしまうのです。つい最近行なった管理者研修でも、平気で「長時間働いている部下は評価してやりたい」と言う人がいました。予想以上に時代の変化に立ち遅れた状況が続いているのです。

ただ、この悪《あ》しき傾向はいずれは消えていく運命にあります。ある社会派ブロガーが次のようなことを言っていました。

「みなさんのお父さんに、お父さんの時代はどうして給料が上がり続けたのか聞いてみてください。お父さんはきっと、僕たちが必死に働いたからだよと言うでしょう。でも、これは大きな誤りです。高度成長と人口増加とキャッチアップ型工場モデルがあったからにすぎないのです。みなさんはお父さんのように必死に働いているのに、どうしてお父さんのように給料が上がらないのでしょうか。それは、この三つの条件が消えてしまったからにすぎません」

これからの日本には、キャッチアップ型工場モデルも人口増加も高度成長も期待できません。この三つの条件が揃《そろ》うのは、人類五〇〇〇年の歴史のなかでも稀有《けう》なことなのです。戦争が半世紀以上も起こらず、人口が増え、その間ずっと右肩上がりに成長し、市民全員がハッピーになることなど本来あり得ません。

ロイヤリティが評価される時代は終わりました。これから求められるのは、どんな仕事であれ成果を出すことです。それこそ、二〇代にやるべき仕事だと思います。

考える癖をつける

仕事の成果を出すために必要なのは、まず第一に仕事の目的を考えることです。この仕事は何のためにやっているのか。常に考える癖をつければ、どのように仕事を進めればいいかということも、自ずとわかってくるものです。いつまでたっても仕事ができない人は、ただ漫然と言われたとおりに仕事をやっているからです。目的を考えて仕事をすれば、成果を出せるだけではなく、仕事が面白く感じられるようにもなりますし、ビジネスパーソンとして賢くもなるのです。

日本生命で、入社三年目に京都支社から本社の企画部に異動したとき、最初に言いつけられた仕事がコピー取りでした。当時はコピー機などなく、複写といえば青焼きでした。青焼きはスピードが調整できます。速く回せば速くコピーができますが、複写されたものが濃紺になって読みにくい。ゆっくり回せば白くなり読みやすくなりますが、かなり時間がかかります。

最初は、コピー取りなどつまらないと憮然《ぶぜん》としながらやっていました。しかし、どうせやるなら面白くしようと思い、渡された資料を見て焼き方を変えることを思いつきました。注目したのは、資料の使い道です。きれいな字で書かれていて、内容も大事そうな資料は、きっと役員室に持っていくのではないかと当たりをつけました。だとすると、時間がかかっても丁寧に白く焼く必要があります。

一方、殴り書きのような乱雑な字で書かれ、中身も整理されていない資料は、きっと課内の打ち合わせ用だろうと予想しました。そうだとすれば読めればいいので、スピード重視と判断し、速く回して焼きました。上司である係長に焼いた青焼きを渡し、資料の使われ方をこっそりチェックしました。たいていは当たっていましたが、なかには予想が外れて迷惑をかけてしまったこともあります。それでも、考えながらやるだけで、退屈なコピー取りが楽しい仕事に変貌《へんぼう》したのです。

資料を捜してくれ、データを集めてくれという上司からのリクエストも、若い二〇代にはよく与えられる仕事です。

何も考えず、指示された資料やデータを探すだけでは、該当するものが見つかればそれを渡し、なければ「ありませんでした」で終わってしまいます。この場合も、資料やデータを使う目的を聞き、仕事の全体像についてよく考えてから取りかかるべきです。指示された通りの資料やデータが見つからなかった場合、よく似た資料や代用できるデータを渡せば、指示した上司の役に立てるのです。

仕事に打ち込むということは、がむしゃらに時間を費やすことではありません。

自分に与えられた仕事が、課や部や企業全体の仕事のどの部分に当たるのか。そうしたことをよく考える必要があると思います。しっかりと仕事の目的や位置づけを理解していれば、自分なりの応用を利《き》かせることもでき、つまらない仕事を楽しい仕事に変えることもできます。考えながら仕事に取り組むことで、仕事の能力は加速度的に上がっていくはずです。

「若いうちは仕事に打ち込め」

これは真実だと思います。ところが、仕事に打ち込むというと「死ぬ気で」という形容詞がついたりして、長時間働いた人が偉いということになりがちです。ランチを抜いて働いている部下に「おお、がんばっているな」と声をかける上司など、もってのほかです。とくに若い人には、仕事は働いた時間ではなく成果だということをはっきりと意識させることが大切です。いくら必死に働いても、成果が出なければそれは評価に値しません。

仮に営業部門から役員を出すと決めたら、誰にもわかりやすいのは直近で一番売り上げた部長を任命することです。一番たくさん売ったということは、企業に対して最も貢献しているのでフェアな判断になるはずです。ところが、そうはならないのが現実です。

「彼はあまり売っていないけれど、地頭が良いから経営の舵《かじ》取りを任せられるだろう」

「あいつは朝から晩まで必死に働いているから、引き上げないと従業員の士気に関わる」

そういった主観で役員に抜擢《ばってき》してしまうようなケースがあとを絶ちません。

はたして、真の意味で必死の努力をしている人が、どれだけいるのでしょうか。ただ長時間会社に居残り、的外れなことを延々とやっている人が少なくありません。必死で仕事をしている「フリ」をしていれば、評価されると高をくくっている人もいます。必死とか、がんばるという基準は、非常に曖昧《あいまい》でわかりにくいのです。

プロセスへの評価は、主観に陥りやすいものです。

企業は成果を上げてはじめてサステイナブルになるのですから、極端に言えば一日の大半を喫茶店で過ごしていても、一年に一冊、一〇〇万部のベストセラーをつくる編集者のほうを評価すべきなのです。

政治も同じです。有権者の期待に応《こた》えるだけの成果を上げないと、次の選挙では厳しい評価が下されます。ビジネスも何ら変わるところはありません。みんなが成果を上げないと、結局は企業にいるすべての従業員が不幸になるのです。若い人には成果を上げるために仕事をするという事実（リアリズム）を骨の髄まで染《し》み込ませなければなりません。そのためには、上司の適切な指導が必須《ひっす》となります。

目的を考えながら仕事をすることは、上げるべき成果は何かということを常に考えながら仕事をすることと言い換えられます。企業に入って三年間で身につけることは、与えられた仕事の本分に懸命に取り組むと同時に、これからの仕事のやり方を自分で確立するということだと思います。

どんなに努力をしても成果を出さなければ無に等しいことを肝に銘じ、何を要求されているかを必死に考える癖をつけ、成果を上げる努力をすることです。最初は考えてもわからないことが多いでしょう。そのために上司がいるのですから、上司をつかまえてわかるまで食い下がってください。上司の最も大切な仕事は、部下を育てることにあるのですから。

仕事はスピード

社歴の浅い二〇代の従業員が仕事の成果とは何かを考えても、おそらく最初はたいしたことはわからないでしょう。

営業のように数字や売り上げというわかりやすい指標がある部署はともかく、明確な指標がない部署で仕事をする人も大勢います。そもそも、若いころの仕事はほとんどが上司から降ってくるものです。決してゴマスリという観点ではなく、上司に喜んでもらうこと、上司を感心させることを一つの成果と考えて仕事をしてみてはいかがでしょうか。

「一日に三回、上司をニコッとさせてみよう」
「一日に一回は、上司を驚かせよう」
「上司に、ありがとうを言わせよう」

そうした自分なりの目標を設定するのです。遊び心のある目標を定めて仕事に取り組めば、それだけ楽しみが増えることになります。やがて積極的に仕事に向き合う姿勢が評価され、新たなチャンスが巡ってくる好循環に入る可能性も高まるでしょう。

人間は、褒められることがモチベーションに直結します。上司にとっても、部下がいい仕事をすれば嬉《うれ》しいものです。仕事を指示した部下が、想像以上に面白い成果を上げてきたら、自然と頬が緩むものなのです。

目的を考えて仕事をするのが最優先ですが、若いうちは集中力を養い、高めることも大事な要素となります。集中力とは、言い換えればスピードということです。

壁にボールをぶつけるとしましょう。

壁が受ける衝撃力は「ボールの重さ」と「スピード」から導き出すことができます。より重いボールをぶつけることで壁は傷《いた》み、同じ重さであれば速い速度でぶつけたほうが壁が傷むことになります。

これを仕事に置き換えてみましょう。

ボールの重さ、つまり質量は人間の能力に当たります。壁が受ける衝撃力は、商売相手や上司やお客さまに与える影響力になります。第一章の人間チョボチョボ論でも述べたように、人間の能力にはさほど大きな違いはありません。そうすると、スピードがすべてということになります。仕事におけるスピードは、目的を考えて仕事をすることと同様に、極めて重要な要素になるのです。

ある日の夕方、部下に何らかの課題を調べろという指示を与えたとします。翌朝出勤すると、机の上にその部下が書いたレポートが置かれています。内容を読んでみると、ポイントは押さえてありますが誤字がかなりあります。それを見たあなたはどう感じるでしょうか。

「一晩でやったんだから、これぐらいの誤字はしょうがないな」

僕だったらそう考え、部下を「よくやったな」と褒めます。ところが、別の部下が一週間後にレポートを出してきたとします。仕事を頼むときに「一週間で」と言ってあったので、締め切りは守っています。ページをめくると、翌日に出してきた部下より多少はまとまっていますが、内容的には驚くほど差別化されているわけではありません。しかも、最初の部下と同じようなレベルで誤字があったとしましょう。

「一週間もかけたのに、こんな誤字だらけのレポートを出してきて」

同じ誤字だらけのレポートでも、一日で出した部下と一週間もかけた部下とでは、印象がまるで違います。あなたなら、この二人の部下のどちらに次のチャンスを与えようと思うでしょうか。この些細《ささい》な例だけを見ても、仕事にはスピードがいかに大事であるかがおわかりいただけると思います。

人間がスピードを上げられるのは、集中するからです。

一つの仕事について集中して一所懸命考えれば、早く仕上げることができます。複数の仕事を同時並行で進めていると、気が散って集中できなくなり、間違いなくスピードは落ちてしまいます。

仕事に限らず、恋愛でも同じです。あの女性もいい、この女性も素敵だ、あっちの女性は可愛《かわい》いな……。そんなことをやっていたら、どの女性にも振り向いてもらえません。一人に絞って集中してアプローチするほうが、成功する確率は高くなるはずです。

仕事のスピードを上げることと仕事の集中力を高めることは、ニアリーイコール(近似値)だと考えていいと思います。二〇代は、そういう習慣を身につけることを心がけてください。

二〇代の若者は、必死に仕事に取り組まなければならないということはわかっていると思います。ただ、がんばらなければいけない気持ちは持っていても、具体的に何をすればいいかがわからないのです。

仕事を三つも四つも抱え込むことをがんばっていることと勘違いしている若い人もいるでしょう。手当たり次第に経験を積めば、成長できると思い込んでいる人もいます。状況判断に基づいた正しい優先順位のつけ方ができない人もいます。優先度の高い仕事を選び出し、集中して取り組むことでスピードアップする癖をつける。それが成長の第一歩となることを理解していただきたいと思います。

これは、僕が日本生命にいたときの上司との会話です。

「おまえ、この問題についてどう思う?」

上司から課題を投げかけられました。

「それはこういうことではないでしょうか」

僕は即答します。すると、必ずと言っていいほど上司に叱《しか》られました。

「おまえは答えるのが早すぎる。もうちょっとよく考えろ」

上司は「こんなケースと、こんなケースと、こんなケースがあるだろう。それぞれについてよく考えたのか」と言います。ところが、僕は心のなかでこう答えていました。

(集中して考えたので、それ以外にも、さらに三つぐらいケースを考えて答えを出しているのになあ……)

もちろん、上司に対してそんなことは言いませんでした。角が立つだけです。

「じゃあ、もう一度考えてみます」

そう言って引き下がり、時間をあけて再度答えることにしていました。スピードアップする癖をつけることで、誰でも集中力を高めることができる。僕はそう思っています。

身近なターゲットを置く

日本生命に入社して最初に配属されたのは京都支社でした。

直属の上司は、高卒の女性です。年齢は僕とほとんど変わらなかったと思うので、少なくとも僕より四年間長く働いています。一五人ほどのチームを率いるリーダーで、席次としては支社長、課長、係長の下に位置づけられていました。人間として非常に立派な人で、賢くてしっかりしていてユーモアのある女性だったと記憶しています。

配属されてから一カ月ほどして、彼女にこう言われました。

「出口さんは、ソロバンも遅いし、仕事もぜんぜんできないのに、なぜ私より給料が高いの？」

おっしゃる通りです。僕より彼女のほうが仕事ができます。そして僕のほうが少し多く給料をもらっているのも事実でした。その前提で、彼女の疑問に対してどのように答えられるか真剣に考えました。青臭い考えですが、翌日彼女にこう答えました。

「僕は大学で勉強してきたので、たぶん一年後には先輩より仕事ができるようになっていると思います。それを見越して、日本生命は僕に給料を先払いしているのではないでしょうか」

彼女は「楽しみだわ」と笑って続けました。

「じゃあ、早く私より仕事ができるようになってちょうだい」

その言葉は、僕の負けん気に火をつけました。それからの一年間は、彼女をターゲットと定め、追いつき追い越すために全力で仕事に取り組みました。

有言不実行ほどみっともないものはありません。言ったことを実現するために「徹底的に考える」ことを心がけました。わからないことは、恥も外聞もなく彼女に聞きます。聞かないでウジウジしているのは、時間の無駄でしかないからです。彼女を目で追いかけ、仕事ぶりもよく見ました。

「こんなことまでやるのか」

そう思った行動があります。夕方になって課長や係長がいなくなると、彼女は上司の机の上をこっそり見て、一所懸命メモを取っているのです。

「何をメモしているのですか？」

聞くと、彼女はこう答えました。

「本店からどんどん指示が来るでしょ。課長や係長はゆっくり読んで、わかった段階で私に下ろすのよ。それから動いたんじゃ遅いからね」

彼女は、本店から支社にどのような指示が来ているのか、逐一メモを取って、先回りして準備をしておかなければいい仕事はできないと考えていたのです。

納得しました。本店の指示を見れば、本店が何を望んでいるかがよくわかります。企業全体の方向性を知れば、自分が何をすればいいか、部下に対してどのように仕事を割り振ればいいか、先回りして対応することができるのです。上司の机の上をこっそり漁《あさ》ることの是非はともかく、情報を「盗む」ことの大切さを学びました。それとともに、すぐに情報をシェアしない（下におろさない）上司の無能さも学んだように思います。

一年後、僕が彼女を追い越したかどうかはわかりません。彼女も成長し続けていたからです。しかし、彼女をターゲットに定めたことで、仕事のやり方の引き出しが大いに増えたのは間違いありません。今でも彼女にはとても感謝しています。

三年目に当時は大阪にあった本店の企画部に異動になりましたが、支社から行ったので本店の仕事はまったく何もわかりませんでした。当時の上司は、五歳ほど年上の係長でした。三〇代に入ったばかりの若さながら、何を聞いても答えられないことはありません。企業全体のことについて、驚くほど熟知していたのです。

「よし、ここでのターゲットはこの係長だ。一年後には、この人より賢くなってやろう」

面白かったのは、企画部でも京都支社の女性上司と同じことをしていたのです。会議か何かで課長や係長が席を外すと、先輩が机の上をチェックしているのです。ここでも、全体を見て次にやるべき仕事を予測し、先回りして準備しておくことの大切さ、仕事をスムーズに回すための段取りなどを学びました。

日本海軍の連合艦隊司令長官だった山本五十六《いそろく》が「やってみせ、言って聞かせて、させてみせ、褒めてやらねば人は動かじ」と言ったように、優秀なリーダーは指示するだけにとどまらず、自らやってみせることを意識しています。二〇代は、その上司の振る舞いを目を皿のようにして凝視し、仕事ぶりを盗むことを意識してほしいと思います。

職人と一緒です。昔の職人の世界では、みんな黙って仕事をしていて誰も教えてくれないので、親方や兄弟子の仕事を盗むことでしか成長できませんでした。料理人は、先輩が作った料理の鍋《なべ》に残ったものを舐《な》めて仕事を覚えるといいます。上司がいないときに机をチェックするのは、鍋を舐めることと一緒です。若いうちは右も左もわからないのは当然なので、この人はと思った上司や先輩をターゲットに定め、その人を追い抜く方法を考えながら仕事をすることが大切なのではないでしょうか。

「グローバル人材」についてどう考えるか

昨今、世間では盛んに「グローバル人材」という言葉が飛び交っています。本章の最後に、この言葉について考えてみたいと思います。

グローバル人材については、あまり複雑に考える必要はありません。世界を二分していた東西の冷戦体制が終わりを告げ、グローバリゼーションと呼ばれる変化がおきて、世界各国の結びつきが強くなりました。その状況下では、世界を股《また》にかけて商売ができる人をつくらない限り、儲《もう》けることができません。ただそれだけのことだと思います。ちなみに、グローバリゼーションは過去に何度も生じています。

そこで求められる人材像について、僕はこう考えています。

英語については、四の五の言わず習得すべきでしょう。英語（正確にはプアイングリッシュ）が世界の共通語になってしまったので、世界中の人が英語でビジネスをする事実（デファクト）ができあがってしまいました。好き嫌いを言っている場合ではなく、英語は勉強するしかありません。これはグローバル人材の問題というより、むしろ世界のビジネスの実情に合わせるというだけの話です。語学は若ければ若いほど身につくので、できるだけ早く始めたほうがいいに決まっています。高齢になって英語を学ぶ力が落ちたと感じるなら、英語が堪能《たんのう》な若い人を側に置くという方法もあります。

ただし、義務感に駆られて勉強するのは面白くありません。

英語ができるようになれば、世界が楽しくなることを知ってほしいのです。それを実感するには、グーグルの検索を英語で行なうだけで十分です。日本語で検索するより、英語で検索するほうが何十倍ものユニークで面白いコンテンツが出てくるからです。日本語と英語の情報量が桁外《けたはず》れに違うことがわかれば、勉強する意気込みも変わってくるかもしれません。

もう一つは外国人をマネジメントする力です。

グローバル人材が少ないと言われる日本ですが、不幸の始まりは製造業から海外進出を始めてしまったことにあるのではないでしょうか。というのも、製造業のグローバリゼーションは、ほかの産業と比較してかなり特異な形態と言えるからです。

日本にある最新鋭の工場を分解し、船で新興国に運んで組み立て直せば、日本と同じ工場が完成します。そこに日本の工場で働いていた幹部を送り込みます。通訳を雇い、現地の人との間に労務問題が起こらないよう、労務のプロフェッショナルを現地の優秀な人に任せれば労働争議は起こりません。あとは、現地の従業員に技術を丁寧に教えるだけです。そうすれば、日本でつくる製品と同じものが生産ラインから出てきます。製造業は日本人が現地に行くことで商売が成り立ちますが、これは実は製造業だけに通用するモデルなのです。

グローバル食品企業のネスレの幹部がこう言っています。

「われわれはスイスの会社です。でも、お客さんはアフリカにもいます。アフリカでどんな飲み物がどのように売られているか。スイス人にはまったくわかりません。それを知るためにはアフリカ人を採用するしかないのです」

その通りだと思います。グローバリゼーションを突き詰めると、現地の人を使うことに収斂していきます。日本企業の経営者のなかには、新興国でのビジネスに失敗した原因を次のように語る人がいたりします。

「日本の消費者は異常なほど潔癖です。食品が陳列棚に並んでいるとき、最前列にあるものには手を出しません。奥にある人の手の触れていない、賞味期限の日付が先のものから買っていくのです。こんな潔癖な消費者を相手にしていたから、日本の企業は過剰品質の商品をつくるようになってしまったのです。だから、日本企業は中国企業や韓国企業に負けたのです」

この経営者は日本語で日本の雑誌に書いているので恥をかかないで済んでいます。これが英語に翻訳されて世界中に流れたら、この経営者は世界の物笑いの種になるでしょう。日本企業の最大の敗因は、経営者が現地人のマネージャーを雇わなかったことです。日本の消費者に責任転嫁をしているようでは、永遠に成功することはないでしょう。現地人のマネージャーが一人でもいたら「このような高品質の商品のニーズは、この国にはまったくありませんよ」と意見を述べたに違いありません。

グローバリゼーションによって要求されているのは、外国人をマネジメントする力です。

インドでビジネスをしようとしたとき、数年間日本人をインドに駐在させたぐらいでインドのことがわかると考えるほうがおかしいのです。外国人を使うときに必要なのは、第一章でキッシンジャーの言葉として紹介した「人間はワインである」という教えに尽きると思います。

要するに、進出する国がどんな地勢で、どのような先祖を敬っていて、どういう文化や慣習を持っているかを知ることです。そこがインドであれば、インド思想の源泉であるウパニシャッドを知っていること、インド人の宗教であるヒンドゥー教やイスラム教の歴史や教えを知っていること、インド人の精神的な拠《よ》り所であるガンジーの思想や人となりを知っていることなどが、インド人の優秀な幹部を雇うための最低条件になるのです。

現地の文化や伝統に関心を示そうとしない人は、現地の人から尊敬されません。教養の力、つまりリベラルアーツの力があってはじめて外国人を使えるのです。グローバル人材を手っ取り早く育成するためには、大学院まで進む賢い人を育てるしかありません。大学院で哲学や歴史や文学など一つの分野を深く究めた人は、人間と人間社会に対する洞察力がきわめて鋭くなります。日本人がグローバル人材になれないのは、日本人が欧米人に比べて低学歴であることが関係していると僕は思っています。

大卒の従業員が多い日本の大企業は、平均的に見れば高学歴です。しかし、経営幹部に限って考えれば、アメリカやヨーロッパのグローバル企業の経営幹部で、マスター（修士）やドクター（博士）の称号を持っていない人はほとんどいません。彼らは大学院で必死に勉強し、ほとんどすべての科目で「A」を取っています。そうしなければ、国際機関や世界を代表するグローバル企業にリクルートされないからです。日本人とは必死さが違います。

グローバル人材を育てるのであれば、製造業のやり方を捨て、現地の人を使うことを真剣に考えるべきです。世界の優秀な人を使うためには、日本人の経営幹部がもっと優秀になって外国人に尊敬される必要があります。

日本人同士であれば、お天気とゴルフと司馬遼太郎《りょうたろう》だけで会話が成り立ちますが、グローバル社会では通用しません。これからグローバル人材を育てるうえでの最重要課題は、大学と大学院で必死に勉強する学生を育てることだと断言していいと思います。加えて、先進国の平均以下の大学進学率を上げることです。

日本の企業は、グローバル人材を育てると言いながら、必死に勉強すべき学生を青田買いしてスポイルしている矛盾に気づいていません。

青田買いは日本を滅ぼす元凶です。学生を採用するときにクラブ活動でリーダーをやった経験や、アルバイトのエピソードを聞くなど、何を考えているのかと言いたくなるほど腹立たしい現象ではありませんか。

「なぜあなたはその学校を選んだのか」
「学校で何を勉強したのか」
「必死に勉強して、どんなことを学んだのか」
「その結果として、成績はどうだったのか」

採用面接では、本来そういうことを聞くべきなのです。これがグローバルな世界の常識だと思います。おそらく、企業の人事担当者も勉強してこなかったので、学生に聞けないのでしょう。企業は、その間違いに一刻も早く気づいて修正してほしいと思います。青田買いを止《や》めて、卒業してから成績重視で採用してほしいと思います。

一方の学生も、学校で必死に勉強して優秀な成績を収めるべきです。経済や経営などビジネスに直接関わるものでなくても構いません。何の分野であれ、必死に勉強したことは必ず人生の役に立ち、応用が利くのです。

尊敬する科学史家の山本義隆《よしたか》さんは、何のために勉強するかについてこう述べています。

「専門のことであろうが、専門外のことであろうが、要するにものごとを自分の頭で考え、自分の言葉で自分の意見を表明できるようになるため。たったそれだけのことです。そのために勉強するのです」と。自分の頭で考えることができるようになれば、何事であれ応用は可能です。そういう学生が増えれば、世界に通用する人材も育ってくると思います。

静岡県の中小企業の社長で、静岡大学の非常勤講師の方にお会いしました。その方の経営論の講義に講師として呼んでいただいたとき、現職の代表取締役でありながら、大学で講師を務めていることに感心した僕は、その理由を尋ねました。

「先代がつくった小さなメーカーの二代目社長として、インドネシアに工場をつくることを決定しました。進出するに当たってコンサルタントの話も聞いたのですが、もう一つ納得することができませんでした。三〇代半ばを過ぎていましたが、大学院に入ってインドネシアに工場をつくることについての学位論文を書きました。大学の先生にさまざまなアドバイスをいただきながら、論文どおりに工場をつくって成功したのです」

この社長にとっては、コンサルタントにお金を払って受けたアドバイスより、大学教授からアドバイスを受けながら書いた自分の論文のほうが腹に落ちたのです。そして自分を成功させてくれた恩返しのために、次の世代を育てているということでした。

その社長は、大学に何度も行ったそうです。最初に卒業した大学と、工場をつくるために勉強した大学院と、その後マーケティングの勉強をしようと思って別の大学にも行ったそうです。日本では珍しいケースに映るかもしれませんが、世界ではごく普通のことです。

この社長のように、企業サイドから変わっていけば、大学も変わります。

大学も自ら変革しようと努力していますが、大学がいくら変わっても、企業が青田買いを続ける限り何の効果もありません。一見、ニワトリが先か、卵が先かの議論のように見えますが、需要が供給をつくることを考えれば、まず企業（需要）が変わるべきなのです。

グローバル人材を求めているのは企業です。現在、日本の大企業には資金的な余裕があるのですから、各社とも将来の経営幹部と見込まれる一〇〇人を選抜し、世界中のどの一流大学でも構わないので、ドクターをしかも優秀な成績で取ってこいと言うべきです。このような世界に足を踏み入れてはじめて、恒常的にグローバル人材が生まれてくるのです。

かつて、僕はドイツ銀行の株主総会に出たことがあります。一六時間にわたって開催された株主総会ですが、瑣末《さまつ》なものも含めて、すべての質問に対して頭取が一人で答えていました。日本企業とのあまりの違いに驚いて、思わず尋ねてしまいました。

「あんなくだらない質問に、なぜ頭取がすべて答えるのですか？　横にいる役員に答えさせればいいじゃないですか」

頭取は、僕の質問にこう答えました。

「出口さん、株主総会は株主が頭取の経営能力をチェックする場ですよ。僕が誰かに答えさせたら、株主はどう思うでしょうか。頭取は株主総会で質問に答える能力を失った。代わりに答えた役員が賢そうだから、彼を頭取にしようと思うはずです。株主総会は真剣勝負の場です。すべての質問に答えられないような人物は、ドイツ銀行では頭取になってはいけないのです」

日本企業に、半日以上続く株主総会ですべての質問に答えられる経営者がどれほどいるでしょうか。注目すべきは、これは何もドイツ銀行に限ったことではなく、世界のグローバル企業のスタンダードだということです。企業のトップは、気力、体力、知力、教養力で従業員を圧倒しているからこそトップたり得るのです。

僕はこれまで「尖《とが》った人」を育てるべきだと言ってきました。

何でも一通りこなせるゼネラリストが通用したのは高度成長期までの話です。グローバル人材はゼネラリストではなくスペシャリストであるべきだと考えています。自分の得意分野を持たないと世界に通用しません。この話は、プロ野球選手の例でお話しすればご理解いただけると思います。

力のある投手が、年間二〇勝したとしましょう。シーズンオフになって、そのチームの監督が投手を呼んで次のようなことを言うでしょうか。

「今年はがんばったな。たいしたもんだ。おまえの投手としての才能はわかったから、選手としての幅を広げるために、来年はショートをやってみろ」

ありえない話です。その投手をショートにコンバートしたら、チームが勝てなくなるからです。日本企業の実態はどうでしょうか。力のある投手をショートにコンバートするような人事が平気で行なわれています。分析が得意な従業員を営業に回したり、営業が得意な従業員を経理に行かせるような人事です。これで、グローバル人材が育つと考えているのでしょうか。

人は本当にやりたいことや得意な分野においてこそ、本来の力を発揮するものです。昔から適材適所という素晴らしい言葉があるではありませんか。

第四章　三〇代、四〇代のうちにやっておくべきこと

部下はみんな「変な人間」である

業種や企業のスタイルにもよるので一概には言えませんが、大企業では三〇代になると部下を持つビジネスパーソンが多いと思います。自分だけで仕事をするのではなく、誰かを指導しながらチームで一緒に仕事をするステージに入っていきます。人を使う役割に変わったときに大切になるのは「人間のリアリティ」を知ることです。では、リアリティとは何でしょうか。

「人はみな変な人間で、まともな人はいない」

「人格円満で、立派な人なんかいない」

「人はみんななまけものである」

僕は、これこそがリアリティだと考えています。このことを理解しておかないと、いつかパワハラをしてしまうかもしれません。

「俺の二〇代のときは、あんなに必死に仕事をしていたのに、こいつは何もしない。甘ったれた根性を鍛え直さなければ、本人のためにならない」

このような恐ろしいことを考え始めてしまっては元も子もないので、自分と他人はまったく違うということを肝に銘じなければなりません。

ご自分の小中学校時代を振り返ってみてください。親御さんの言うことを素直に聞いていたでしょうか。子どもは自分でご飯を食べることができないので、親からご飯を食べさせてもらっています。掃除や洗濯や教育など、生活の一切が親がかりです。それだけ従属しているにもかかわらず、子どもは親の言うことを聞きません。

会社の上司は、自分の部下の衣食住の面倒を見ているわけではありません。偶然同じ職場に居合わせ、一日のせいぜい七～八時間の間一緒に働いているだけです。強いて言えば、少し経験が長いため、部下に仕事のほんの一部を教えているだけです。そう考えれば、部下が自分の子どもの一〇分の一ほども思いどおりに動かないのは当然だというリアルな認識が持てます。

これはごく当たり前のことですが、この認識を持っている人は決して多くはありません。上司には人事権があるので、部下に強制的に言うことを聞かせることはできます。しかし、それでは面従腹背の部下を大量生産するだけです。

変な人間であり、それほどまともでも立派でもない、なまけものの部下。それでも彼らを働かせるのが上司の役割です。そのために必要なのはどのような視点でしょうか。僕は、上司としての考え方をはっきり伝えることだと思っています。そのうえで、何を期待しているか、何をしてほしいのかということを、的確に伝えなければなりません。

理想を言えば、伝えたことに共感してもらいたいところです。人間は面従腹背ができる動物なので、表面上はわかったフリをしていても、心の中では納得していないかもしれないからです。心の底から共感してもらうには、こちらも腹蔵なく伝えるべきです。

まずは、上司である自分と部下の役割を明らかにします。そのうえで、一つ一つの仕事を与えるときは、目的と期限を明確に提示する癖をつけるべきです。

「この仕事はこういうことをするためのものだ。きみにはそのなかで、このパートを担《にな》ってもらいたい」

「最終的にはこの日までに仕上げたいので、きみに任せる仕事の期限はこの日までだ」

最初は事細かく指示を与えるべきです。これは、二〇代で身につけるべき仕事のやり方の裏返しです。それが部下の能力を引き上げることにもつながります。

人間世界をリアルに認識すれば、部下はみんな変な人で、なまけものです。目的と期限を明示したところで、忘れてしまうこともあれば、わかっていてサボる者も出てきます。期限を一週間後に設定したのであれば、三日ぐらい経過した段階で「うまく進んでいるか？」と丁寧にフォローすることが大切です。残業させるときも、明確に指示を与えるべきです。第一、上司の具体的な指示のない残業はグローバル企業ではあり得ないのです。

「明日の午前一〇時にお客さまが見える。そのときにこの資料が必要になるので、悪いが二時間ほど残業して作成してくれないか」

やりすぎと思わず、最初はそこまで言ってみるべきでしょう。

部下が複数いるときは「実質的公平性」で仕事を割り振ることが何よりも大切です。グラフを書く仕事があったとします。短い時間で上手に書ける人と、いくら時間をかけても下手な人がいます。同様に、仕事には得手不得手があります。部下をよく見ればそれぞれの仕事の遂行能力はわかるはずですから、全員が同じような時間で終わるように仕事を与えることが肝心です。これが実質的公平性ということです。

反対の概念は「形式的公平性」です。これは、全員に同じ量の仕事を与えることです。部下によって能力が違うので、仕事に従事する時間は一定になりません。得意な分野の仕事であれば、早く終わって時間が余る人が出てきます。

人間のリアルな世界ではおよそ立派な人などいないので、暇になるとろくなことを考えません。せいぜい上司の悪口を言うか、仕事をしないで遊ぶのが関の山です。すべてのメンバーが相対的に幸福になるためには、勤務時間中に余計なことを考える暇がない程度の仕事量があることがいちばんです。その加減を見極め、うまく差配するのが上司の役割なのです。

三〇代の仕事の仕方は、二〇代の裏返しが基本と考えてください。二〇代でやったことを一つひとつ裏を取っていくと考えればいいのです。たいていの場合、立派な上司はあまりいないので、自分が二〇代のときにはまともな指導を受けていない人が多いでしょう。だからといって「細かい指示がなくても自分で考えて働け」などと突き放してしまっては部下がかわいそうです。自分の仕えた上司を反面教師として、部下に「倍返し」をしてあげる度量がほしいものです。そう考えれば、三〇代の仕事が一段と楽しくなるのではないでしょうか。

「安心感」と「仕組み」で部下をやる気にさせる

僕が東京で初めて部下を持ったのは三〇歳のころでした。大学の成績が抜群によく、非常に賢い人間です。でもいつも下を向いているので、気になって聞いてみたことがあります。

「どうした？　元気がないみたいだけれど、仕事が面白くないのか？」

その部下は、歯に衣《きぬ》着せぬ言葉で応じます。

「はい、あんまり面白くないですね」

「じゃあ、どうしたらもうちょっとやる気が出るんだい？」

「そうですね……。たとえば出口さんが一週間のうち二回ぐらいお昼を奢《おご》ってくれたら、やる気が出るかもしれません」

なんという生意気な部下でしょう。でも、それから半年の間、僕は週に二回は彼にランチを奢り続けました。半年ほど経《た》って、再度聞いてみました。

「どうだ？　少しはやる気が出てきたか？」

「はい、少しは出てきました」

食事を奢れと言っているわけではありません。部下一人ひとりの顔色を見ることが大事だと言いたいのです。本人がやる気を出し、自分で学ぼうという気持ちを起こさなければ、仕事は上手《うま》くいかないものです。僕は行きがかり上奢ることになってしまいましたが「やる気を出せ」「がんばれ」と言うだけでは部下の心に届きません。何かほかの手段を考え、部下に伝えることが重要です。この部下は、その後素晴らしい仕事をするようになり、選ばれてアメリカの大学に留学することになりました。

アメリカ人が研究した「ロサダの法則」というものがあります。この法則についでは批判的な見方もありますが、大雑把に言うと、人間が一回の叱責《しっせき》に耐えられるのは、その裏に二・九回褒められることが最低条件になっているということです。つまり、二回褒めて一回叱る組織に属する人間のモチベーションは明らかに下がり、三回以上褒めて一回叱《しか》る組織の人間のモチベーションは維持できるのです。いい組織では、六回褒めて一回叱るということを実践しているそうです。

人間の最も厄介な性質は、自尊心が強いということです。うぬぼれが強く、たいした仕事もできないのに「自分はできる」「自分はえらい」と思っています。人間は褒められるのが大好きで、叱られるのは大嫌いです。これは人間の脳の癖なので避けては通れません。だとすれば、ロサダの法則以上に褒めてあげなければ部下のやる気を引き出すことはできません。

よく「人間は褒められたら伸びる」と言われます。自分の胸に手を当ててみれば明らかでしょう。人を使う立場に立ったときには、部下を褒めることを覚えなければなりません。

「不出来な部下ばかりで、褒めるところなど一つもありません」

そんなことを言う上司もいますが、褒めるというのは仕事の出来栄《できば》えを褒めるばかりではありません。目が合ったらニッコリ笑う。これも褒めるうちに入ります。

廊下で役員とすれ違ったとき、こちらは挨拶《あいさつ》しているのに、知らん顔をされたら不安にならないでしょうか。

「あの人を怒らせるようなことをしたかな？」

「ひょっとしたら、役員は俺の名前を憶《おぼ》えていないのかも」

部下にそんな不安を与えてはいけません。

「きみのことは知っているよ」

「僕はきみを信頼しているよ」

ニッコリ笑うことは、部下に安心を与える合図なのです。動物はニッコリ笑うことはできませんが、ほかの手段で仲間に安心を与える術《すべ》を知っています。部下に安心を与えることで、部下が集中して仕事に取り組む環境をつくることができるのです。三〇代は、動物としての人間の心を管理する術を身につけなければなりません。

部下のやる気を引き出すには、ほかにもさまざまな方法があるはずです。僕が実際に行なったのは、あみだくじで論文を書かせることでした。

生命保険業界には、年六回、奇数月に発行される『生命保険経営』という業界誌があります。加入メンバーは二万人ほどいて、ほぼ全員が生命保険会社の従業員です。この業界誌は、加入メンバーが寄稿する論文を掲載することが主たる目的です。しかし、生命保険会社はどこも忙しいので、あまり書く人がいません。困った編集局は、論文の寄稿を依頼するため、常に各社を回っているのが実態でした。

あるとき思いついて、編集局に電話をかけました。

「必ず隔月ごとに論文を出すので、仮に論文が不出来でも掲載していただけますか?」

号を重ねるごとに薄くなっていく雑誌に危機感を持っていた編集局は「載せることをお約束します。ぜひ出してください」と言います。

「出口さんの部下の論文なら、優秀に決まっていますから、無条件で載せます」

　必死さが伝わってくるコメントです。僕は、論文を書けば必ず雑誌に掲載されるという言質《げんち》を取ったうえで、部下に書かせることに決めました。半ば強制的です。あみだくじに「5・7・9・11・1・3」という数字を書き、一〇人近い部下に引かせました。

　それぞれの数字に当たった部下には「きみは五月に論文を書きなさい」「きみは七月」と命じました。もちろん、なかには反論する部下もいます。

「仕事が忙しいのに、こんな論文など書いている暇はありませんよ」

「あみだくじで決めるなんてふざけています」

　文句を言う部下には、数字・ファクト・ロジックで説得します。

「論文を書くと、現時点での自分の考えがスッキリ整理できるから、今より少しは賢くなるんじゃないか？」

「論文が掲載されたら五万円ぐらいもらえるんだぞ。そのお金で飲みに行けるじゃないか」

「どの会社もあまり論文を出さないから、一〇人に一人ぐらいの割合で優秀賞が出る。優秀賞になったら、賞金が上乗せされるからグレードの高い飲み屋に行けるし、ひょっとしたら人事が評価を上げてくれるかもしれないぞ」

これだけ並べ立てると、文句を言っていた部下も納得します。

「言われてみれば、割とおいしい仕事かもしれませんね」

もちろん、ただ書かせるだけではなく指導もします。論文を書かせるようになってからは、毎年のように優秀賞をもらっていました。これは、ライフネット生命になってからも続けていて、開業五年で既に三回優秀賞を取っています。論文を出す人が少ないので、倍率がそれほど高くないことが影響しているのかもしれませんが、他の受賞者は大手生保四社の調査研究部門の人ばかりなので、当社の従業員はよくがんばっていると思います。

これは、部下をやる気にさせる一つの仕掛けです。強制的に論文を出せと命令しても、出す部下はほとんどいないでしょう。大切なのは、出したくなるような仕組みづくりです。それがなければ、部下はやる気を出さないのではないでしょうか。

仕事とは直接関係ありませんが、日本人の英語力が低いのは、今の大学生にハングリーさが足りないからだ、教育が悪いからだなどと言う評論家がいます。僕に言わせれば、今の大人が悪いのです。

「英語力など一年で上げてみせる」

僕はそうホラを吹いています。例えば経団連、経済同友会、全銀協などのトップが集まって「これからはＴＯＥＦＬ一〇〇を取った学生以外は採用面接を受けさせない」という仕組みに決めてしまうのです。就職をしたい学生は必死で勉強するので、英語力は一年で向上することでしょう。

かつて当社にインターンとして来た若者が、一時期ミャンマーのヤンゴン大学で教《きょう》鞭《べん》をとっていました。彼から聞いた話ですが、ヤンゴン大学の総長はこう語っていたそうです。

「かつてのヤンゴン大学はアジア一の高いレベルを誇っていた。我々は失われた四半世紀を取り戻さなければならない。中間試験も期末試験も卒業論文もすべて英語でやるので、学生諸君は覚悟を決めておくように」

総長の気概に感動するとともに、英語を勉強させる上手な仕組みだと思いました。

部下に仕事をさせるのは仕組みがすべてです。仕組みさえつくれば、誰でもそれなりに仕事をやり始めるものなのです。論文を書かせることは目的も明確で、期限も決まっていました。勉強にもなり、賞金というインセンティブもあります。部下のやる気を出させる方法としてはうってつけでした。

論文を書くことが定着すると、くじに外れた部下が「僕も書いていいですか」と自ら手を挙げるようになりました。お小遣い欲しさという不純な動機かもしれませんが、結果的に本人の勉強になって、考えを整理するきっかけになるのだとしたら、それでも一向に構いません。編集局には、二本出しても構わないか確認を取りました。

「よし、枠を取ったから書け」

あみだくじは、ふざけているようですがフェアです。指名してやらせると部下が負担に感じたり、えこひいきだと文句を言われます。こういうことをやる場合には、フェアであることが必須《ひっす》条件なのです。

上司を論破し、部下に全勝する

三〇代のころ、上司から「きみは異端だ」と言われました。

「異端ですか？　どうして……」

納得できませんでした。

「僕は仕事もそれなりにできるし、まっとうな従業員じゃないですか」

上司は、からかうような目で笑っています。

「この会社の人は、誰も自分で決めようとしない。責任を取りたくないから、みんなで相談して決めることに慣れきっている。その点、きみは上司に相談するフリをしているだけで、前もってすべて自分で決めているじゃないか。これを異端と言わずして、何というんだ？」

企画部に異動したとき、後に副社長や専務になる立派な先輩たちから、さまざまなことを教え込まれました。

「社長になったつもりで仕事をやれ」

「企画部には会社のすべての情報が集まっている。企画部にいるおまえが、会社のことで万が一知らないことがあったら恥だと思え」

素晴らしい先輩に薫陶《くんとう》を受け、企画部という絶好のポジションにいたからこそ徹底的に考え抜く癖がついたのだと思います。すべてを自分で決めることができるようになったのは、その成果だと言えます。

上司にからかわれたように、上司に報告して意見をもらうときは、参考意見程度のものだという意識がありました。もし反対意見が出たとしても、それを完膚なきまでに論破できるという自信を持って仕事に臨んでいました。

三〇代ともなれば、上司を論破できて当たり前です。

仕事の範囲が狭い部下に比べ、上司は部下より広い範囲の仕事を見ています。どうしても広く浅くしか見ることができません。深く狭く仕事を掘り下げている部下が、広く浅くしか見ていない上司を論破できないようでは、仕事をしているとは言えません。ここまで考えたのだから、自分が決めたことに絶対間違いはない。僕はそう思っていました。

前にもお話ししたように、上司に報告すると意見が出ることがあります。

「こういう点、こういう点、こういう点について、おまえはちゃんと考えたのか」

上司からの指摘が三つのポイントだった場合、自分が五つのポイントを考えていれば勝ったと考え、二つのポイントしか思い浮かばなかったら負けたと考えます。その結果を仮想の星取表にして「上司との関係は三勝一敗だ」「今日は三勝五敗だ」などとやっていました。ゲーム感覚で楽しみながら、一方で負けた悔しさをバネにしていました。

「まだまだ考える力が足りない。もっといろいろな視点で考えよう」

僕は考えるという行為をさらに重視していきました。

一方、三〇代は部下との関係においては全勝が当たり前だと考えるべきです。

先ほどの論に従えば、上司となった段階で、部下に比べれば仕事に対して広く浅くしか向き合っていません。しかし、四〇代の上司に比べれば明らかに狭い範囲の仕事しかしていないのです。しかも二〇代で徹底的に仕事を掘り下げていた時期からそれほど時間が経過しているわけでもありません。俺は部下には負けない。三〇代はそんな気概で仕事をしていました。

僕は部下との間でも星取表を作っていました。ただし、星取表に一喜一憂するためではなく、部下にいい指導をしたかったのが理由です。部下を育てるためには、部下が気づかない視点を教えなければならないからです。

三〇代の初め、日本興業銀行への出向から帰ってきて三年ほど、日本生命の経済調査部門を統轄《とうかつ》していた時期があります。僕の下にいた部下は、大学の経済学部でマクロ経済学や計量経済学などを勉強してきたエコノミストばかりでした。僕は法学部の出身なので、経済学にそれほど詳しいわけではありません。そのときに、部下のなかで筆頭格のエコノミストからこう言われました。

「僕らが思いつかない、一段高いところから指導してくれるので、出口さんの指摘はすごく勉強になります」

その言葉は、素直に嬉《うれ》しいものでした。彼らはみなプロのエコノミストなので、経済学の数式や理論、難しい概念で議論をしても、僕に勝ち目はありません。僕が心がけたのは、社会常識に沿って総合的に判断をし、そのなかでおかしいと思ったところを指摘すること、あるいは分析が不足していて説得力に欠ける点を洗い出すことでした。

部下に対する指導は、付加価値を付与することです。部下が気がつかないところを教えなければ、上司としての存在価値はありません。僕自身も上司にギャフンと言わされたときは、素直に受け止めることができました。

「へえ、こんな視点があるんだ。俺はまだまだ甘かったな」

上司から驚きを受け取ったのなら、部下にも返してあげなければいけません。先輩から教えてもらったことを次の世代に引き継いでいく。次の世代を育てることが年長者の使命だと言いましたが、仕事についても同じことが言えると思います。

ただし、そう簡単には教えません。二〇代は考える癖をつけることが大事だと言いましたが、部下が何も考えず闇雲《やみくも》に相談したいと言ってきたときは、相談には応じないと言って却下していました。

「課長としての役割を果たしていないじゃないですか」

部下からは文句を言われましたが、これには明確な理由があります。先ほども言いましたが、部下が担当する分野の仕事は、僕よりも部下のほうがよく知っているはずです。一〇人の部下がいる上司に比べれば、部下は一〇分の一の範囲でしか仕事をしていないので、深く掘り下げることができるはずだからです。仕事を知っている人に、仕事を知らない人が相談に乗ることはありえません。

安易な相談を受けない代わりに、考え抜いたうえでの相談は受けていました。その仕事を最もよく知る部下が、考え抜いた末にA案とB案をつくったとします。

「僕はこういう理由でA案のほうがいいと思うのですが、それについて出口さんにアドバイスをいただきたいのです」

こういうケースであれば、喜んで相談に乗っていました。

二・六・二の法則を忘れない

部下に接するときの肝は、最初は六〇点（合格点）で目をつぶることです。とりわけ優秀な上司にとっては難しいことですが、目をつぶることは管理する立場の人間にとって非常に大事なことだと思います。

よく知られている「二・六・二の法則」があります。どんな組織でも、しっかりと働き優秀である集団が二割、普通の集団が六割、残りの二割は仕事をしないで成績も不良という集団に分かれる特性です。これは、蟻《あり》を含めたすべての動物に言えることです。最近の生物学の研究では、不良の二割が遊んでいるのは、想像できないことが起こったときの遊軍として活動するためだと言われています。

この実験の興味深いところは、働かない不良の二割を集団から排除すると、普通の六割から転落した者が二割を形成し、もとの二・六・二に戻ることです。よく働く優秀な二割を排除しても、六割の一部が頑張って、また二・六・二に戻るのです。仕事においてもこの考え方を忘れてはいけません。よく働く優秀な二割以外の人には過度な期待を寄せることを控え、ある程度の水準（六〇点）で目をつぶることが大切なのです。

上司が、会社を盛り上げようと思ってクリスマスパーティを企画したとします。当日になって、さまざまな理由をつけて、二割ぐらいの部下が参加しませんでした。「許せん。職場のモチベーションを上げようと思って俺がこれだけ努力をしているのに、人の気も知らないで平気で出てこない。本当に頭に来る」

参加しなかった部下をまるで非国民のごとく悪《あ》しざまに罵《ののし》るような上司は、人間を知らないと言わざるを得ません。

いくら一所懸命やっても、二割ぐらいは参加しない集団のほうがむしろ正常と思わなければなりません。全員が雁首《がんくび》そろえて参加するような組織は、怪しげな宗教の世界であり、ヒトラーやスターリンが率いる独裁者の世界です。全員が揃《そろ》うことのほうが異常だという感覚を持つべきです。そういう意味でも、人間は動物であると知ることが大事なのです。

これについては、社会現象を見ても証明されています。

アメリカのオバマ前大統領や小泉純一郎元首相、最近では安倍晋三首相のピーク時でも、支持率はせいぜい六割から七割の間です。これだけの支持率があれば、かなり安定した政権が維持できます。五割程度を維持するだけでも、長期政権になるでしょう。

つまり、二割の強い支持者のほかに六割の集団のうち半数程度を味方につければ五割になるので、それで十分だという結果が政治の世界では示されているのです。

四〇代になったら得意分野を捨てる

四〇代になると、比較的大きな組織を任されるようになります。そのとき、四〇代が最も意識するべきことは、自分の得意分野を捨てることです。

一つの部に三つの課があり、一つの課を主管していた有能な課長が部長に抜擢《ばってき》されたとします。部長になったので、仕事の範囲は課長時代の三倍になります。一方、部長の後任として課を任された新任課長は、経験が浅いのでまだ仕事がよくできません。新しい部長はかつて率いていた課の業務を熟知しているので、新任課長に箸《はし》の上げ下ろしまで指示したくなるものです。

部長の思いとしてはよく理解できます。自分がいなくなったことで古巣のレベルが落ちるのも癪《しゃく》ですし、部長としてのマネジメント能力を誇示するためにも、業績を上げたいという気持ちがあるからです。しかしこの姿勢が生み出す結果は、自分が知らないほかの二つの課への理解が疎《おろそ》かになることです。この人は部長になったのに、プレーイングマネージャーから抜け出せていないのです。

残った二つの課は部長に構ってもらえないので、部長の気を引こうとするあまり都合の良い情報だけを上げるようになります。悪い情報を持っていけばますます嫌われてしまうので、良い情報だけを持っていくゴマスリになるのです。すると、新しい部長はますます二つの課のことがわからなくなっていきます。

組織を任されるということは、プレーヤーからマネージャーになることです。四〇代になったら、プレーヤーとマネージャーがまったく違う仕事であることを徹底して理解しなければなりません。自分の出身の課のことはよく知っているので、放っておいても大丈夫だと考える。何か問題が起こっても、自分が乗り出せば解決できると考える。むしろ、知らない二つの課のことだけを勉強するという姿勢で、三つの課を実質的公平性の原理で扱うことが大切です。この場合の実質的公平性とは、よく知っている課のことは放っておき、よく知らない二つの課のことを勉強するということです。

こうすることで、部下である課長の心情にも変化が表れるはずです。

「部長は、俺が率いる課のことをよく知っているのに、細かい口出しをすることなく任せてくれるから嬉しい」

「知らない課のことを一所懸命勉強してくれる、素晴らしい部長だな」

往々にして、人間は苦手なことよりも得意なことをやりたがるものです。マネージャーになってもプレーイングマネージャーの意識が抜けきらず、得意なことに固執してしまう人が少なくありません。だから組織が停滞するのです。

チームを任されたら、プレーヤーである自分を忘れることです。野球の世界ではときどき選手兼監督が出てきますが、監督になったのだから、もうバッターボックスには立たないということを自分に言い聞かせなければいけません。プレーヤーとマネージャーはまったく違う仕事だという意識を持って、自分の得意分野を捨てることから始めるべきです。

所管が広くなるということは、以前のように仕事を緻密《ちみつ》に見られなくなることを意味しています。細かいところまで目を配り、自分が細かく指導したら一〇〇点が取れると思っていちいち直し始めたら、ほかのところが疎かになってしまいます。抜擢された人に限って、俺は人の三倍は仕事ができると思ってマイクロマネジメントをやり始めますが、三倍できる人などほとんどいません。人間の能力はチョボチョボであると認めるべきなのです。

全体を見ようと思えば、粗く見るしかありません。粗く見るということは、六〇点であれば目をつぶるということです。だからといって、六〇点で満足しろと言っているわけではありません。まずは三つの課がすべて六〇点を取ることを目指し、合格したら徐々に平均点を上げていけばいいということです。

愚かな管理者ほど、有限の感覚に乏しいものです。

時間も無限にあり、部下の能力も鍛えれば無限に伸びると思っています。四〇代になったら有限の感覚を持つべきです。与えられた一定の時間のなかで、どの幹を押さえ、どの枝を見ないようにするかという訓練をしなければなりません。

それまでの延長線上で仕事をすることは避けてください。今まで自分が得意だと思ってきたことでも、褒められてきたことでも、すべて忘れるぐらいの姿勢で仕事をしなければならないのが四〇代です。

ＭＯＦ担だったころ、僕は大蔵省から出されるさまざまな通達《つうたつ》類のいわば下書き（行政指導案の作成）をしていました。細かい規定をいちいち自分で書いていたので、日本の保険行政、特に運用面については僕より詳しい人間は絶対にいないと断言できるほどすべてを理解していたつもりでした。

ところが、だんだん忙しくなるにつれて、そこまで手が回らなくなっていきます。

いい機会だと思ってすべてを部下に任せると、何もわからなくなってしまいました。自分で書いているからこそわかっていた細かいロジックが、部下に任せた途端にわからなくなったのです。

極度の不安が襲ってきました。

しかし、組織を任される立場に立ったのだから、わからない、知らないという不安を捨てなければよき管理者にはなれないと悟りました。個別具体的なことがわからないステージに移ったのですから、わかろうとする必要はないと思えば気が楽になります。断捨離《だんしゃり》という言葉が流行《はや》りましたが、大きいグループを任された四〇代は、捨てることを覚えないと全体が見えなくなっていくのです。

人はゴマスリには勝てない

集中力には自信があったものの、僕にはすぐに感情が顔に出るという欠点がありました。

ときどき相談に来る部下のなかに、途轍《とてつ》もなく話の長い人がいました。どんなに忙しくても、部下が頼ってきたときには話を聞かなければいけません。イライラしている姿を見せないように、あえて仕事をしながら聞いていました。

　それを見ていた別の部下から、別室に呼び出されました。

「出口さん、気持ちはわかりますが、仕事をしながら話を聞かれたほうは、やっぱり腹が立ちますよ」

　もっともな話です。

「だから鍛練だと思って、相手の目を見る癖をつけてください」

「ごめん」

　その部下は面白い人間で、話の長い部下が相談に来ると、僕に向かって小声で「鍛練、鍛練」と囁《ささや》いてくれました。


　管理職になると、春と秋に部下との人事面談をしなければなりません。

　僕は普段からよく部下と話をしていたので、とりたてて面談することはありません。それでも面談内容を紙に書いて人事に提出しなければならないので、とりあえず部下を別室へ呼びました。しかし、面談しようとしても、部下のことはみんな知っているので、話すことがないのです。仕方がないのでこう尋ねました。

「おまえのほうから何か質問はないか？」

部下は憤慨したような目で僕を見ます。

「何を横着なことを言っているんですか。曲がりなりにも上司なんだから、部下に対する質問ぐらい自分で考えてくださいよ」

やむなく、質問にならないような質問を投げかけます。

「じゃあ、俺はどんな上司か言ってくれ」

「楽勝の上司ですよ」

「楽勝？　それはどういう意味だ？」

「だって、出口さんはすぐ顔に出るし、出る表情も怒っているか、笑っているかのどちらかしかないので」

そうだったのか。

「怒っているときには、難儀な案件を持っていかない。笑っているときに持っていけば万事オーケーです。これほどわれわれにとって楽な上司はいません」

同じようなことは、今の秘書にも言われています。わかりやすくて、楽勝ですと。

ＭＯＦ担をやっていると、さまざまな情報やデータの提出を要求されるので、部門を飛び越えて仕事を依頼しなければなりません。例えば為替の問題が発生したときは、その関係部署の人間に教えを請《こ》わなければ仕事ができないのです。

そのなかに、電話をかけたらいつも走ってくる他部門の係長がいました。

「ちょっと話を聞きたいんだけど、空いてるか」

「はい、すぐ行きます」

本当に走ってくるのです。あるとき、直属の部下と飲みに行った席で、その係長のことを褒めました。すると、部下が怪訝《けげん》そうな表情に変わりました。

「どうしてですか？」

「だって、僕が電話したら、いつも走ってくるじゃないか」

「出口さんは、まったく人を見る目がありませんね」

「なんで？」

「彼は出口さんだから走ってくるんですよ。出口さんはこの会社の第一選抜で先頭を走っている、出世するに違いないと思っているから走ってくるだけで、僕らが頼んでも何一つ仕事はしてくれないんですよ。そんなことも見えないんですか。それほどアホだと愛想がつきますよ」

それから、彼の所作を丁寧に見るようにしました。すると、部下の言うとおり陰日なたがあることがわかったのです。人間は愚かな動物なので、よほど気をつけていないと、簡単にゴマスリに騙《だま》されるということを学びました。

それは、中国戦国時代の思想家韓非《かんぴ》が著した『韓非子』にも書いてあります。さまざまな君主が、臣下のゴマスリに騙されて滅んでいくのです。それを読んでいたのに、僕もまんまと引っ掛かるところでした。

組織の上に立ったら、忙しいのですべてのことには目が行き届かないと思ったほうがいいでしょう。その状況で部下をどのように見ていくか。一番いいのは「王様は裸ですよ」と直言してくれる部下を持つことです。四〇代はそのことを真剣に考えるべきでしょう。『貞観政要《じょうがんせいよう》』の太宗と魏徴《ぎちょう》のように。

根拠のない精神論を排除する

僕が部長クラスの仕事をするようになったのは四三歳のころ、ロンドンの現地法人の社長になったときが最初です。

そのときから、年単位で物事を考えるようになりました。企業は一年の決算単位で動いているので、部門を率いている自分は、一年間で何をやるべきか優先順位をつけて物事を考える癖をつけるようにしたのです。とくに、部下の数とレベルを見て、このチームで何ができるかということを一所懸命考えました。現状でできる水準を一〇〇としたら、一〇五ぐらいを最低目標に設定するのです。

前年比一〇五パーセントという数字は、それほど高い目標設定ではありません。景気動向の問題を考慮しなければ、比較的甘い設定と言われても仕方がありません。しかし、あまりにも高い目標は部下を疲弊させるだけです。反対に、あまりにもイージーな目標は部下を怠惰にするだけです。無理のない程度で「ライフワークバランス」を大事にしつつ、ちょっとがんばれば達成できそうな目標。そのことを常に意識してマネジメントに取り組んでいました。

僕は、根拠のない精神論は不毛だと思っています。

精神論はいっさい用いないと誓い、できるだけ合理的にマネジメントすることを心がけました。その一つの例が朝礼です。

僕が営業部門の部長を任されたとき、僕が率いる部以外は毎日朝礼をやっていました。これは伝統的なもので、毎朝部長が一〇分から二〇分の訓示を行ないます。話の内容は新聞などから仕入れたネタで、読めばわかるような話を部下は黙って聞いています。

「こんなことをやって、いったい何の意味があるんだろう？」

不思議でなりませんでした。そもそも、営業部門の評価基準は営業成績が大半を占めています。個人の目標も年度初めに割り振られるので、営業部門の人間は自分が何をすればいいかよくわかっています。全員大卒で、極端に話のわからない人はいません。僕の下にいた部下はせいぜい二〇人で、個人の能力や営業成績は十分把握できる人数です。しかも課長が三人いるのです。

毎日朝礼をして、精神訓話を話すことに何の意味もないと思った僕は、営業部長になるとしばらくして毎日の朝礼をやめ、週一回に変えました。

「営業成績を上げることを最優先しろ。問題が起こった場合を除いて、いちいち僕に報告する必要はない。むしろ、多くのお客さまとできるだけ長い時間接すること。お客さまの話をよく聞いて、何が不満で、どうすれば日本生命としてお客さまに喜んでいただくことができるかをよく考えなさい。そのためにはお客さまをよく知らなければ話にならないので、朝礼をしている時間があったら、お客さまのところへ行って話を聞いてきなさい」

ある朝、たまにしか来ない役員がフラッと営業部門を訪ねて来ました。ほかの部がすべて朝礼をやっているなか、僕の部だけは誰も人がいません。それを見咎《みとが》めた役員が、僕の机にメモを残していったのです。

「ほかのすべての部は、朝礼をしてこれから戦おうという姿勢を漲《みなぎ》らせているのに、出口部長のところだけは、部長を含めてほとんど誰もいません。一体どういうマネジメントをしているのですか」

その返事として、僕もその役員の秘書に手紙を渡しました。

「われわれの部は営業一筋で、朝一番からお客さまのところへ行っています。毎朝たいした意味もない朝礼をしている時間などないのです」

ちなみに僕の部は、営業部門全体のなかでトップの成績を上げることができました。

日本の企業には、意味不明の精神論をぶつ人がまだ数多く残っています。昔に比べれば少しは改善しているようですが、劇的な変化はないように思います。最近の経営者のインタビューを読んでいても、いまだに毎日の朝礼に言及する人がいるほどです。週に一度くらいは必要だと思いますが、毎日の朝礼については僕は懐疑的です。

「朝礼をやめたら朝寝坊する人がいるかもしれない」

「お客さまのところへ直行するフリをして、朝寝をしているかもしれない」

それを防ぐためにも朝礼は必要だという人もいますが、仕事をサボって寝ていれば営業の成果は上がらず、評価も下がるのでそれこそ自業自得《じごうじとく》というものです。もしくは、仕事をサボっていても成果さえ出せれば、誰からも文句を言われる筋合いはありません。合理的に考えれば、企業で働いている多くの人は評価されたいと思っているので、実は放っておいても大丈夫なのです。

根拠のない精神論は、いつまでももつはずがありません。「俺の背中を見て学べ」などと、昔のビジネスパーソンが聞けば喜びそうなセリフを吐く人はまだいますが、「おまえの背中に何か書いてあるのか」と言いたくなります。

黙って俺について来い。そうした精神論が不毛だということは、一九四〇年代の山本五十六ですら言っています。先ほども引いた言葉です。

「やってみせ、言って聞かせて、させてみせ、褒めてやらねば人は動かじ」

現代の企業でも、まったく同じはずです。

これまで二〇代から四〇代の仕事のやり方についてお話ししてきましたが、大きくまとめると次のようになります。

「二〇代は自分一人でやる仕事のやり方を覚え、三〇代では人を使いながらチームで仕事をすることを覚え、四〇代では組織を率いることを覚える」

すると、五〇歳になった段階では、仕事のやり方のノウハウはすべて身についているることになります。人間と人間がつくる社会を理解し、人やチームの動かし方がわかっていて、リスクもあまりない（この点については後述します）ということは、外の世界に向かって飛び出す準備ができたということなのです。

第五章　五〇代になったら何をするか

五〇代は「遺書」を書く時代

団塊世代の退場に伴い、中長期的に深刻な労働力不足が予測されるなか、改正高年齢者雇用安定法が施行され、希望する人に対しては六五歳まで雇用が継続されることになりました（最近では七〇歳、いや七五歳までという声も大きくなっています）。五〇歳になった時点で、まだ残り一五年間はこれまで通り働けるということです。こうした変化の只中《ただなか》にいる昨今、五〇代はどのようなスタンスで仕事をするべきなのでしょうか。

役員レースに残っている人は、そのまま猛進していけばいいと思います。仮にレースから外れてしまった場合でも、職場にとどまってやるべきことをやる道もあると思います。ただその場合、これまでとは考え方を少しだけ変えていただきたいと思うのです。

五〇代になって心掛けるべきことは、次の世界を担《にな》う若い世代に何をバトンタッチするのかということを真剣に考えることだと思います。三〇年前後働いてくれれば、内外のさまざまなことや問題点などはほぼわかっているはずです。職場を少しでもよくしていくために、若い世代にどういう仕事をしてもらいたいのか。そのことをよく考えて、伝えていただきたいのです。そういう意味では、五〇代は「遺書」を書く時期になったのだと言えるでしょう。

僕は、五五歳のときに日本生命の実質子会社であるビル管理会社に出向しました。日本生命では、子会社に出向して本社に凱旋《がいせん》した人は一人もいませんでした。左遷《させん》の理由はわかっていました。当時の社長と対立したからです。

四三歳で部長職になった僕は、三年間ロンドンとヨーロッパを任されました。帰国したあとの三年間は、国際業務部長として日本生命の国際業務展開を任されました。その間は、中国など世界各国に生命保険会社をつくろうというプランを立ち上げ、その実現のため世界を奔走していました。

このプランは、国際畑を歩いた実感から生まれました。

「日本はこれから少子高齢化社会になり、営業職員の担い手も減っていく。国内だけでは今の地位（世界一）は保てない。日本生命という世界最大の生命保険会社を成長させていくためには、海外に出るしか道はない」

そこで、僕は二〇二〇年に売り上げと利益の最低二〇パーセントを海外で稼ぐというプランをつくり、役員を説得するために動きました。

「二〇二〇年？　おまえ、いったい何を考えているんだ？」

ほとんどの役員はポカンとしています。それもそのはず。プランを策定したのが一九九六年だったからです。四半世紀先の話をされて、戸惑ったのでしょう。ロンドンで世界の生保の国際展開を垣間見《かいまみ》た僕は、海外進出はたいへんな難事業なので、二〇年ぐらい先を睨《にら》んで明快な旗を揚げるべきだと考えて提案したのです。

「そんな遠い先のことを、どうして今役員会に諮《はか》らなければいけないんだ？」

一様に鈍い反応でした。

「まあ、やりたいならやってもいいけれど」

反応は鈍くても、反対する理由もありません。達成年、売り上げ、利益がすべて二〇になることから「トリプルトゥエンティ」と名づけたこのプランは、無事役員会で承認されました。

このプランを策定するに当たって、ヒントになったことがあります。

入社三年目で企画部に移ってから、自分の勤めている企業なのに知らないことばかりだということに気づき、図書室に通って何冊もあった日本生命の社史の類《たぐ》いをすべて読み込みました。

一九三〇年代に入った頃、すでに日本生命は業界トップに立っていました。当時の社長は弘世《ひろせ》助太郎《すけたろう》、創業一族直系の人物で、日本生命三代目の社長です。日本生命がトップに躍り出たので、自分がいなくても大丈夫と、弘世は家族と一緒に世界を回る旅に出ます。そして、広い世界を見た弘世は驚愕《きょうがく》したのです。

「俺は井の中の蛙《かわず》だった。アメリカやヨーロッパの保険会社ははるかに進んでいる。日本のトップに立ったぐらいで慢心してはいけない」

帰国した弘世は、突如「臥薪嘗胆《がしんしょうたん》二〇年、世界制覇」という旗を揚げます。帰ってくるなり血相を変えて世界制覇を口にし始めたのですから、従業員は随分驚いたと思います。

このエピソードは、長く僕の心に焼きついていました。僕が提案した「トリプルトゥエンティ」は、弘世の「臥薪嘗胆二〇年」の焼き直しです。僕は、日本生命と弘世のチャレンジングな遺伝子を現在に蘇《よみがえ》らせたかったのです。

しかし、いかなる組織であってもトップの器以上のことはできない相談です。

新たに就任した社長は、トリプルトゥエンティを白紙に戻しました。

「バブルが崩壊して大変な時期なのだから、海外展開などやっている場合ではない。国内の態勢を立て直すことが先決だ。これからは販売員を増やし、地道な営業に力を入れる」

新社長は、先祖返りを始めたのです。僕は、この決断が日本生命という会社の将来にとってマイナスになるのではないかと考え、上申もしました。

翌年、僕は国際業務部長の任を解かれ、代わりに公務員に保険を販売する公務部長という役職が与えられました。四九歳のときのことでした。

少し脇道《わきみち》にそれますが、そのときに僕の感じたことをお話ししましょう。

公務部に行けと言われたとき、なぜか頭に浮かんだのはハーリド・イブン・アル＝ワリードのことでした。ワリードは、七世紀に活躍したイスラムの武将で、ムハンマドから「アッラーの剣」と激賞された人物です。

明日、一か八かの決戦が行なわれるという日に、ワリードのもとに伝令が来ます。初代カリフのアブー・バクルが没し、ワリードの天敵であるウマルがカリフに就いたという知らせでした。ワリードにとっては天敵がトップに就いたわけですから、その時点で自分がクビになることがわかったはずです。

しかし、ワリードはアブー・バクルが死んだことは口外無用だと念を押し、翌日の戦いに臨みます。その結果、圧勝して東ローマ帝国軍をシリアから追い出すことに成功しました。戦勝祝いをしているところへ、正規の使者がやって来ます。

「おまえはクビだ」

ワリードは、粛々と命令を受け入れたといいます。

もちろんワリードに比べれば、僕の業績など無に等しいものです。比較の対象になるはずもありません。前にもお話ししましたが、新しいことに挑戦した人の九九パーセントは失敗します。ビジネスパーソンで考えれば、一般企業の社長に就任する人は、だいたい四年から一〇年に一人です。同期が一〇〇人入社する会社で考えると、四〇〇人から一〇〇〇人に一人が社長になる計算です。残りの三九九人から九九九人は、時期の違いこそあれ、いずれ左遷されるのです。このシンプルな事実に照らしてみれば、この段階で「僕は多数派になったんだな」と思っただけでした。

「左遷されて、よく平気ですね」

周囲にはそう言われることもありました。しかし、人事異動は、企業統治の方法としてはごく当たり前の手段です。ウマルがワリードにやったように、歴史を見れば誰もがやっていることです。そういう事実をたくさん知っていれば「多数派になったんだから、次は何をしようか」とごく普通に気持ちを切り替えられます。

ビル管理会社に出向したのはそのあとのことです。

そこでは時間が十分にあったので、宅建主任と不動産のファシリティマネージャーの資格を取りました。同時に、社長の許可を得て、非常勤で東大の総長室のアドバイザーの仕事をやり、ずっと会えなかった昔の友だちを訪ねることもできました。

左遷がなければ、僕はまだ日本生命グループに残っていたかもしれません。必然的に、ライフネット生命を起業することはなく、今こうして送っているチャレンジングな人生に巡り合うことはなかったのです。僕はダーウィンの進化論を信奉しているので、人生はすべて運と適応だと考えています。その意味で、ライフネット生命プロジェクトに出会うきっかけを作ってくれた当時の社長に本当に感謝しています。

後日談になりますが、僕が日本生命を去ったあとに入社した若い日本生命の従業員が、僕のところに遊びに来たり、メールをくれることがよくあります。彼らが「海外展開に再度取り組むことになったので、トリプルトゥエンティは僕らが実現します」

と言ってくれるのは本当に嬉《うれ》しい限りです。

五五歳になってビル管理会社に出向した時点で、もう生命保険業界には戻れないと思いました。その時点で、最初に思いついたのが「遺書」を書くことでした。

遺書といっても、僕が書いたのは『生命保険入門』という本でした。生命保険の歴史や仕組み、現在の状況などをわかりやすく伝える内容です。もちろん、僕が書いたものはすべて日本生命の優れた先輩や、同業他社の先輩に「これが本当の保険だよ」と教えてもらったことばかりです。いつも感謝しながら書いていた覚えがあります。

書き終えた時点で、出版の当てはありませんでした。ただ、長くＭＯＦ担をやっていた関係で、メディアの知り合いも何人かはいました。僕が遺書を書いたので出版の相談に乗ってくれと言えば、誰かが義理人情で相談に乗ってくれそうな気はしていました。

たまたま、友人と飲んでいたときのことです。

「出口さん、子会社に行って暇でしょ」

「だから、本を書いたんだ。でも、ちょっと迷ってるんだよ」

義理で相談に乗ってくれそうな先はあるという話をして、しかしそれでいいのか、僕の書いた原稿に市場価値はあるのかどうか、少し迷っていると打ち明けました。

「じゃあ、僕にその原稿を預けてください。出口さんの名前を知らない、まったく無関係の出版社に持ち込んであげましょう」

そこで、僕は彼に原稿を預けました。

「もし出版すると言ってくれたら、どう決めますか」

「一番先にオーケーを出してくれたところにお願いするよ」

意外にも、最初に返事が来たのは岩波書店でした。もう一社ＯＫと言ってくれた出版社との時間差は、わずか二日ほどだったと聞いています。岩波書店での出版が決まり、僕の最初の本は二〇〇四年に出版されました。この本は「生命保険の基本書」（アマゾンの書評）として六刷を重ね、二〇〇九年に全面改訂した『生命保険入門　新版』も既に七刷を重ねています。本当にうれしいことです。

僕が遺書を書こうと思ったのは、自分が諸先輩から教えてもらった「本当の保険」についての知見を、若い世代に書き残しておくべきだと考えたからです。

僕はたまたま本という形態で遺書を書くことができましたが、部下を指導するときに口頭で伝えることでもまったく構わないと思います。遺書は必ずしも文章化しなければならないものではなく、次の世代に伝わればそれでいいのです。

どんな遺書を書くか

遺書を残すときは、仕事の本質の部分を次の世代に伝えるようにすべきです。

僕の場合で言うと、生命保険とは何か、誰がどのようにして始めたのか、生命保険の本質は何かといったことです。生命保険は本来、お金持ちには必要のないものです。宝くじに当たって数億円が手に入れば、通常は何が起こっても金銭的には困ることがないので、生命保険は必要ありません。生命保険は、そもそも普通の市民のためにつくられたもので、国の社会保障を補完するものです。何事であれ、物事のあるべき本当の姿を正しく受け継いでいくことが重要です。

書くときに気をつけることは、自分の成功体験を忘れるということです。自分が培《つちか》ってきた価値観に固執するのもいただけません。

「俺が二〇代のころは、徹夜でがんばったものだ」

こんなものは、まったく不毛な根拠なき精神論にすぎません。

方法論についてもそうです。昔の生保の世界は、セールスレディの数を増やせば売り上げが伸びた幸福な時代でした。セールスレディの担い手も数多くいました。一九四〇年ごろに始まった統制経済（＝同一保険料）の下で人口が増加し、高度成長が続き、終身雇用という枠組みのなか厚い専業主婦層があったからこそ、このビジネスモデルが成り立ったのです。しかし、社会は大きく変化し、かつての厚い専業主婦層は少しずつ失われてきています。

ビジネスの土台となる社会状況が変われば、当然やるべきことも変わってきます。次世代に遺書を書くときによく考えなければいけないのは、自分の経験が時代に規定されたものか、本質的なものかを切り分けて伝えることです。セールスレディを増やせば業界は栄えるという考え方は、時代に規定された、単純にそのまま受け継いではいけない成功体験です。

要するに、遺書は古典と同じです。普遍的なものを伝えるべきです。特殊なものは単にその時代を反映しているにすぎないのです。

普遍と特殊の峻別《しゅんべつ》はなかなか難しいことかもしれません。

しかし、三〇年もの間企業社会で生きてきた五〇代は、社会と企業のさまざまな変遷を見てきたはずです。それを見ていれば、いろいろなことがわかるのではないでしょうか。

今五〇歳の人であれば、だいたい一九八〇年代の後半に働き始めたことになります。ということは、冷戦の終結も、バブルの発生から崩壊の過程も実体験していることになります。最近では、リーマンショックも経験しています。また、湾岸戦争や「九・一一」といったテロ事件、未曾有《みぞう》の大災害となった「三・一一」も経験しています。IS（自称イスラム国）やトランプ大統領の誕生にも立ち会っています。いろいろな出来事によって、世の中の価値観が大きく変わってきた過程をつぶさに見てきたはずです。

九〇年代まではベースアップ（ベア）があったので、年齢が上がれば必ず給料も上がると考えていたかもしれません。ところが、今はベアはめったにありません。最近久しぶりにベアの話題が出ましたが、多くの人は既にベアに対する実感がなくなっています。ナショナルフラッグキャリアである日本航空が一旦《いったん》は潰《つぶ》れ、大蔵省が一行も潰さないと豪語していた大手銀行は、今や同じ名前で上場しているところが一行もありません。

今の五〇代は、このように次々と大きな出来事が起こって価値観が激変する時代を生き抜いてきたので、特殊と普遍を見分けることができるような気がします。その肥えた目があれば、普遍的なものを見分けるのは容易なことではないでしょうか。

これを機に、働き始めてから現在までの毎年の具体的な事例を思い出してみましょう。

人間は抽象的な思考が苦手です。しかし、具体的な事例を見つければそれを抽象化することはそれほど難しくはありません。まず、ウィキペディアで自分が入社した年次を検索してください。三〇年間働いてきた人なら、三〇回検索すればだいたいの流れはつかめます。具体的な出来事に紐《ひも》づけされて、さまざまな記憶が蘇ってくるはずです。それを眺めながら自分がやってきた仕事を考えれば、何が変わらないもの（普遍）で何が変わったもの（特殊）かが整理できると思います。

普遍的なものが整理できたら、次の世代に伝えてください。少しでも時間があるのなら、いれば、昔ほどあくせく働く必要もなくなっています。役員レースから外れてその分若い人を育てることを楽しめばいいのです。

このとき、間違っても焦《あせ》ってすべてを伝えようとはしないでください。一人の人間が三〇年かけて蓄積したことのすべてを伝えるのは非常に難しいことです。がんばってこれだけ整理したのだから、すべてが伝わるはずだと思ったら大間違いです。思いの一割でも伝われば御の字だと思っておけば気が楽になります。歴史を勉強したり、優れた小説を読んだりして、世の中のことがよくわかってくると、死ぬ気で伝えても一割も伝わっていないケースがほとんどだということがわかってくるはずです。

五〇代ほど起業に向いた年齢はない

企業に残って遺書を書き、それを次の世代に伝えるという選択肢以外に、五〇代には起業という選択肢があると思います。ところが、誰かに話そうものなら、こう言われるのが関の山です。

「起業なんて失敗するに決まっているんだから、やめておけ」

まったくナンセンスだと思います。そんなことを言う人は、決まって自分が起業したことのない人たちです。

序章で五〇歳になればリスクがコストになるとお話ししました。

「これくらいのお金を稼げればご飯が食べられる」

「企業をクビになっても、貯金も少しはあるし、女房も働いてるから、食うには困らない」

「しかも、自分には信頼できる友人もいる」

だとすれば、五〇代ほど起業に向いた年齢はないと断言できます。五〇代はリスクがほとんどコストに転化されていて、幅広い交友関係があり、お金の借り方もわかっていて、それなりに目利《めき》きの力もあるからです。僕は、五〇代は天下無敵だと思っています。

一方、社会から起業を期待されている二〇代から三〇代は、まだ何も見えていない年代だと言っていいでしょう。企業に勤めていれば、これから役員レースに乗るかもしれません。一人で暮らしている人なら、パートナーを探すのか、独身を貫くのかということさえ見通しが立ちません。結婚していて子どもがいたとしても、たいていはまだ小さいので、将来どのような道に進むのかさっぱりわかりません。交友関係や仕事上のノウハウも、まだそれほどは成熟していないでしょう。

第二次世界大戦で特攻隊を組織したのは、確か日本と連合王国だけです。

日本は大学生などの若者を指名しましたが、連合王国は犯罪者で特攻隊を構成したといいます。誤解のないように言えば、犯罪者だから死んでもいいということではありません。僕が言いたいのは、日本と連合王国の考え方が違うということです。

連合王国が犯罪者を募ったのには理由があります。たとえば泥棒の名人は忍び込むのが得意なので、ノルウェーにあるナチの拠点に忍び込んで施設を爆破したいから、どうか助けてくれと歎願《たんがん》したのです。どちらがより効果的で賢い方法かは明らかでしょう。

現代の若者に起業しろと煽《あお》って、大人が何も行動に移さないのは、かつての日本の特攻隊と何も違わないのではないでしょうか。五〇代になってさまざまなノウハウを身につけた人が起業したほうが、はるかに国が良くなり、社会も良くなると思うのです。

起業というと、それまで自分が積み重ねてきた仕事と異なる分野でチャレンジしなければならないと考える人もいるようです。起業とは、未知の分野でなければならないという固定観念がどこかに存在するからでしょう。

これもよくある大きな誤解です。自分がよく知った分野での起業のほうが成功確率が高いに決まっています。

上場している若いベンチャー企業の社長と話したとき、こんなことを言われました。

「上場後しばらくして、高齢の監査役に来てもらったのですが、これが本当に役に立ったのです」

聞くと、ベンチャー企業だったので、創業時から脇目も振らず突っ走ってきたといいます。三時から取締役会を開催すると決めていても、あまりの忙しさになかなかメンバーが揃《そろ》わず、ようやく四時ごろに始まった取締役会は、延々六時ごろまでダラダラと続いていたというのです。

ところが、年配の監査役を受け入れた最初の取締役会で、予定時刻から五分が過ぎても全員が集まらないことに、監査役が雷を落としたそうです。

「何をやっているんだ！　取締役会は会社の最高意思決定機関だぞ！　それに遅れるような取締役はすぐクビにしろ！」

それからは、どんなに忙しくても全員が定刻に集まるようになり、無駄な会話もなくなったというのです。

若い取締役たちが非常識なだけの話に聞こえますが、社会常識を身につける前にベンチャーを成功させようと突っ走ってきた若者にとっては、このような当たり前のことを教えてくれる人が誰もいなかったのです。

アメリカ人とロシア人の二人の若者が才能に任せて起業したグーグルも、マネジメントができないことに気づき、一九五五年生まれのエリック・シュミットを招き入れました。それからのグーグルの急成長は説明するまでもありません。

仕事は人と人、経験と経験の組み合わせです。今、あなたが何気なくやっている普通の仕事を必要としている人は、実は世の中に山ほどいるのです。

あるNPO法人の代表が僕のところに相談にやって来ました。

「企業に寄付をお願いに行くのですが、行っても、行っても、寄付がまったく集まりません。なぜでしょうか」

企業に持ち込んでいる資料を見せてもらうと、なるほどと思いました。そのNPO法人は二〇代を中心に活動しているので、思いが過剰だったのです。自分たちはこんなに熱い思いでやっていますということを、感情に任せて書き連ねている資料でした。

「これではだめだよ。どのページを見ても、熱い思いばかりじゃないか」

代表はキョトンとしています。熱い思いを訴えることが、相手の理解を得る唯一《ゆいいつ》の方法だと思っているような顔つきでした。

「きみたちに会ってくれる人は、決裁権限を持っていないことが多い。上司に上げなければならないのに、この資料ではそのまま使うことができない。理念に共感して上司に上げようと思っても、担当者が書き直さなければならないんだ。忙しいなかそんな時間は取れないので、きっとあと回しにされているんじゃないかな」

「はあ」

「企業に持っていくのであれば、担当者がそのまま上に上げられるような資料をつくらなければだめだよ」

「どんな資料をつくればいいんですか」

僕は、定年退職したばかりの友人を紹介しました。

「こんなに良いことをしているのに、資料づくりはほんとに下手だなあ」

彼が若い人たちに持った第一印象です。NPO法人は、彼のアドバイスを受けて資料をつくり直します。見違えるほど見栄《みば》えが良くなり、あっという間に話が通るようになったと喜んでいました。友人も、二〇代から三〇代の若い人に、ちょっと教えただけで感謝されてとても嬉しいと喜んでいます。まさにウィン・ウィンの関係です。

起業すると言っても、何も資本金を集めて会社を設立しなくてもいいのです。この友人のような形で自分の持っている知識やノウハウを若者に提供するだけでも、起業と同じだけの価値があると思います。

管理系や労務系などの仕事は、やはり経験者に強みがあると思います。そのノウハウとスキルを持った五〇代が、若者が起業したベンチャーのマネジメントの一翼を担うという選択肢は十分あり得ると思います。

例えば現在働いている企業を退職して介護ビジネスに移るといった場合も、現場で高齢者の介護をするばかりが仕事ではありません。もちろん最前線で介護の仕事に従事しても構いませんが、新しい介護ビジネスを立ち上げようとしている株式会社やNPOを、バックオフィスで支える存在になるという選択肢もあるはずです。

五〇代の起業は合理的かつ健全

起業を「清水《きよみず》の舞台から飛び降りる」と表現する人がいます。

僕は、五〇代にとってこの表現は正しくないと思っています。仮に清水の舞台から飛び降りたとしても、五〇代になれば舞台からわずか一メートル下に地面があることがわかっているので、まったく怖くはないからです。むしろ自分のことも家族のこともわからない二〇代が起業するときこそ、清水の舞台から飛び降りるような思い切りが必要なのです。

にもかかわらず、五〇代が起業をためらう理由は、日本では起業は若い世代がやるものだという社会常識（思い込み）があるからです。

「若い奴《やつ》は度胸があっていいな」

「俺たちのような年寄りだと難しいな」

そう勝手に錯覚しているだけのことです。この錯覚は、無知、あるいはリアリズムの欠如からきています。

起業に大切なのは「目利き」と「お金」です。

若さゆえの無鉄砲とも思えるような情熱こそないかもしれませんが、二〇代に比べて社会のことも政治や経済のこともわかっている五〇代のほうが、絶対に目利きの力はあるはずです。起業するに当たって先立つものはお金ですが、五〇代なら銀行でのお金の借り方をはじめ、資金調達の多様なバリエーションを身をもって理解している人も多いことでしょう。それに比べれば多くの二〇代は、おそらく限られた資金調達手段しか知らないでしょう。

五〇代は、人脈でも二〇代を圧倒します。長く生きてきただけあって、信頼できる友人の数も多く、知らないことを誰に聞けばいいかというルートも持っています。二〇代にそこまでの広がりは期待できません。

さらに言えば、五〇代にはノウハウがあります。経理については専門知識がある、営業の要諦《ようてい》は頭に詰まっているなど、自分が持っている能力を正確に把握しています。反対に自分に不足している能力もそれなりにわかっているので、弱点を補ってくれる人を呼んでくることもできます。

ベンチャーに必要な目利き、資金調達力、人脈、ノウハウなどの条件は、二〇代に比べれば五〇代のほうがはるかに整っているのです。デメリットを言えば、向う見ずなところがないことと、体力が多少衰えていることぐらいでしょう。五〇代と二〇代との星取表をつくったら、五〇代のほうが圧倒的に白丸が多いはずです。

冷静に比較してみると、五〇代で起業するという選択肢は、二〇代で起業するよりもはるかに成功する確率が高いことが実感できるはずです。もし新しい仕事に若いセンスや無鉄砲さ、体力が必要だったら、若いパートナーを連れてくればいいだけの話です。

マクロの視点から考えても、五〇代が起業するのは社会として極めて健全です。

五〇代は、企業のなかでは「おじさん、おばさん」と位置づけられます。多くの日本企業ではまだ年功序列型賃金制度が残っていますから、高い給料をもらっているおじさん、おばさんたちが数多く残っているのです。そのことが、若い世代の正社員への道を閉ざしていると指摘する人もいます。そうだとすれば、社会全体としては、リスクの少ないおじさん、おばさんたちが企業を飛び出すことで、空いた席に若い人を迎え入れることができるのです。

若い世代にビジネスパーソンとしての行儀作法を覚えさせる点では、レガシー（伝統的）な企業のほうが優れていると思います。おじさん、おばさんたちが居座って若い世代がなかなか入れない企業より、おじさん、おばさんたちが先に出ていって若い人が入ってくる企業のほうが、はるかに健全だと言えるでしょう。

そもそも大人が安全地帯に身を置いて、若い人にだけベンチャーの世界に「飛び込め、飛び込め」と叫んで、若い人が飛び込む気になるでしょうか。大人が率先垂範《そっせんすいはん》してリスクを取らないで、どうして若い人がリスクを取ってチャレンジするでしょうか。若者は大人の意識を映す鏡です。大人が積極的に新しい世界に飛び込んで行けば、それを見た若い人も飛び込むはずです。五〇代で起業することは、個人としても社会としても、極めて合理的な選択肢だと言えるのです。

第一章で、高齢者の起業の最大の成功例としてイスラム教の教祖ムハンマドのエピソードを紹介しました。歴史を見れば、高齢者の起業の実例はほかにも山ほどあります。

中国の東晋《とうしん》時代の僧である法顕《ほっけん》は、仏教の研究に没頭していました。ところが研究を進めれば進めるほど、経典の充実度に比べて戒律が未整備なことに違和感を覚えたといいます。西暦三九九年、法顕は何人かの僧とともに中国からインドへ求法《ぐほう》の旅に出かけます。

「なるほど、中国には熱心なお坊さんがいたんだなあ」

ここまでの話を聞くだけではそれで終わってしまうと思いますが、法顕がインドへの旅に出たのが六〇歳を超えてからのことだと聞いたらどうでしょうか。ムハンマドの時代よりさらに二〇〇年ほど昔ですから、平均寿命はおそらくもっと短かったはずです。年齢的に言えば法顕は「ヨボヨボのおじいさん」だったのですが、仏教のことはインドに行かないとわからないと情熱を燃やし、インドやスリランカで経典を勉強して一四年後に中国に帰ってくるのです。

日本にも、そういう偉人が何人もいます。思いつくなかで最も有名な人物は、伊能《いのう》忠敬《ただたか》でしょう。一七四五年生まれの忠敬は、一八〇〇年から足掛け一七年にわたって全国をくまなく歩き、詳細に測量した結果を「大日本沿海輿地《よち》全図」として完成させました。

忠敬が測量の旅に出発したのは五五歳のときです。当時の平均寿命は三〇歳前後だったと思います。忠敬も、年齢的には「ヨボヨボのおじいさん」になってから、地図をつくるために情熱を燃やしたのです。

先人の歴史を見ると、平均寿命が二〇歳から三〇歳ぐらいのときに、四〇歳から六〇歳ぐらいの人間がゼロから一見無謀だと思えるようなチャレンジを始めています。平均寿命が八〇歳を超えようとする現代では、五〇歳はまだ十分若いと言っていい年齢です。ムハンマド、法顕、伊能忠敬のことを思えば、まだまだ洟《はな》垂れ小僧のようなものです。年齢的にも体力的にも、何かを始めるにあたって遅すぎるということはありません。

年をとったらのどかな田舎にでも引っ込んで、のんびり暮らしたいという人は世界中にいます。その人その人の人生観の問題ですし、僕は価値観の押しつけは嫌いなので、そういう人生観もあるんだなとは思いますが、どうも腹に落ちません。

だいたい、年をとるほど感覚も鈍るので、田舎に引っ込んでしまって刺激を受けないと、何の起伏もないつまらない人生になってしまうのではないかと危惧《きぐ》します。人間の幸せは喜怒哀楽の総量であると言いました。田舎でプラスにもマイナスにも振れない平板な人生を送るよりも、むしろ年をとったら都会の中心にある繁華街の横に小さな部屋を借りて、毎晩繁華街に通うぐらいの人生のほうが楽しいように思えてなりません。少なくとも、僕はそうありたいと思っています。

ライフネット生命が定年を撤廃し、六〇歳を超えた人でもチャレンジしたい気持ちがあれば正社員として採用し続けているのは、仕事をしたい人にはずっと仕事をしてほしいと考えるからです。もちろん、六〇歳になったらもう仕事なんかしたくない、残りの人生は毎日野菜をつくっていたい、ゴルフをしていたいという人がいてもいいと思います。いずれにせよ、何かに足かせをはめられずに自分のやりたいことをやる。そのうちの一つに起業という選択肢があってもいいのではないでしょうか。

もし失敗しても心配はない

若い人に、仕事は人生の三割にすぎないということを教える。自分のやりたいことをやると宣言する。起業という選択肢を選ぶ。それを実践する。五〇代になったらきみたちも俺に続けと言う――。

そうすることが自分にとってもエキサイティングなことだと理解はできても、なかなか踏み切れないという人の最後の理由がこれです。

「成功すればいいけれど、もし失敗したら路頭に迷うのではないか？」

リアルに考えれば、絶対に心配はありません。

例えば、僕の住んでいる築五〇年を過ぎた古いマンションは高齢者が多く、マンションの管理組合が管理会社に住み込みの管理人を置くという条件をつけています。ところが、その条件を承諾してくれる人がなかなか見つからないので、見つかるまでは通《かよ》いの人しか手当てできないことがよくあります。

住み込みといっても、夜間の仕事はほとんどありません。一年に数回、住人の具合が悪くなったときに救急車の手配をすることぐらいです。平均賃金並みの手取りがあり、夫婦で住み込むための部屋はマンション内の一室が無償で宛《あてが》われます。そんな条件でも、なり手がいないのです。

最近は、景気の回復によって人手不足が表面化してきました。とくに建設業界は構造的に人材不足になっています。生活の糧《かて》を得るための仕事と割り切って職種さえ選ばなければ、この国では食べるのに困ることはほとんどないと言っていいでしょう。ところが、多くの人は窓際《まどぎわ》に追いやられても、自分が勤めてきた企業の名前の入った名刺があるほうがいいとしがみついています。はたして、それが楽しい人生なのでしょうか。

現実には、名刺の肩書きなど誰も見ていません。名刺を信奉する人がいるというのは誤った認識で、単なる自己満足にすぎません。定年退職してから地域の会合に行っても、あの人は〇〇社の部長さんでしたということが評価されることはありません。企業の名刺に価値があると思っているのは本人だけなのです。

仕事が人生の三割であることを理解できず、仕事が人生のすべてだと思い込んでいる人ほど、名刺がすべてと錯覚してしまうのです。名刺には価値がないことがわかっていれば、チャレンジは容易です。今の企業を飛び出すのが怖いと考えるのも、現実を見る目がくもっているからではないでしょうか。

ただ、五〇代の人が名刺を信奉してしまうのにはやむを得ない面があります。日本の社会はタコツボ的で、極論すれば社会主義国家と似たようなものだったと思います。今はさすがに少なくなりましたが、昔の日本の企業のシステムは次のような具合でした。

入社したら社員寮に入り、昼食は社員食堂で済ませ、夜は同じ企業の先輩や同僚と飲みに行きます。女性であれば、制服が支給されるケースがほとんどです。衣食住のすべてが企業持ちなのです。日曜日は同じ企業の人とゴルフに行き、あるいは社内運動会に参加、旅行に行くときも企業の保養所を利用します。社内恋愛で結婚したら、寮から社宅に引っ越します。貯蓄は社内預金を利用し、グループ保険に加入して万が一に備えます。退職金と年金も、企業から支給されます。従業員のお墓もあり、幹部ともなれば社葬という慣習も残っています。

これは、冷静に考えてみれば人民公社以上の人民公社ではないでしょうか。制度としてはなくなっても、その世界の残滓《ざんし》が少なくないなかで働いていると、現実の世界が見えなくなってしまうのです。

日本では普通の企業の名刺さえあれば、取り引き先は誰でも会ってくれます。それを自分の力と錯覚する人がほとんどです。口では名刺の力で会ってくれていると謙遜《けんそん》しながら、実際はビジネスパーソンとしての力を過信している人ばかりです。逆に言えば、名刺の威光を失うことを恐れ、身動きが取れなくなっている人が少なくありません。

受け取るほうにも問題があるようです。試みに日本企業の大代表に電話をかけ「○○○と申しますが、□□部の△△さんをお願いします」と言ってみてください。必ず「どちらの○○さんですか？」と企業名を聞き返されるでしょう。社会全体が人民公社的な体質になっているのです。こうした日本社会の全体主義的なシステムがやがて通用しなくなることは、誰もがわかっているはずです。若い人にチャレンジを求めるのであれば、中高年が率先してロールモデルを示すしかありません。

企業を飛び出して仮にうまくいかなかったとしても、人生はまだ半分あります。健康寿命の七五歳まで働けるとしたら、まだ二〇年以上の長い時間があります。うまくいかなかったら、こう思えばいいだけの話です。

「いい勉強をした。次回はこれを糧に成功してやろう」

アメリカのベンチャー業界には失敗という言葉がないといいます。次のジャンプのためにいい経験をしたと周囲が話すからです。日本にはそういう文化はまだありませんが、現実を見れば失敗をそれほど深刻に受け止めなくても大丈夫なことがわかるはずです。

本来、一度も失敗しないで成功しろということ自体が間違っています。

スポーツは負けたことから成功への要素を拾い上げることで強くなります。恋愛でも異性に振られることで自分の至らなさに気づいたり、理不尽な目に遭ってはじめて異性の本質のいくばくかがわかるようになります。いい恋愛ができるのは、そこからです。

失敗しても、不安になってビクビクする必要はありません。七五歳まで、まだ何回でもやり直しができると思えば、失敗もまた楽しい経験になるはずです。

冒頭に言いましたが、五〇歳はまだ折り返し地点です。

失敗したとしても、まだ走れる時間が半分以上残っています。その時間を有効に使うには、失敗しても怖くないという気持ちを持つことが大前提です。誰にでも失敗は必ず訪れます。失敗することは多数派になるだけだという認識を持って、新しいチャレンジに立ち向かっていただきたいと思います。

必要なのは「強い思い」と「算数」

実際に起業すると決めたとき、何が必要になるのでしょうか。

「強い思い」と「算数」。この二つがベンチャー企業を興《おこ》すときの基本です。強い思いとは、これまでお話ししてきた「自分のやりたいこと」です。「好きこそ物の上手なれ」という言葉がありますが、自分がやりたいことには誰でも一所懸命になれます。好きなことをやる、やりたいことをやる。まずはそう考えるべきです。

もう一つの算数というのは、事業計画のことです。

いくら強い思いが立派でも、収入が五〇〇万円しかないにもかかわらず、年収五〇〇万円のスタッフを三人雇うというプランを見せられたらどうでしょうか。仮に強い思いに共感を持ってもらっても、支援には二の足を踏まれることでしょう。事業はサステイナブルでなければ意味がありません。事業が安定的に回っていくための数字を、しっかりと策定することが何よりも必要なのです。

事業計画といえば、普通は損益計算書（P／L）や貸借対照表（B／S）のことを思い浮かべがちですが、本当に大切なのはキャッシュフロー表です。

これも実際にビジネスを構築するうえでは当たり前のことですが、P／L上では赤字でも、金融機関が青天井で融資を実行してくれれば企業は絶対倒産しません。カネの切れ目が縁の切れ目とはよく言ったもので、業績よりもキャッシュフローのほうが事業の命運を握っているのです。キャッシュフロー表を中心に、資金が円滑に回るビジネスプランを考えることが、起業の大前提になるのはごく当たり前のことなのです。

ただし、その事業計画の正確性を高めようと、詰めに詰めていたら永遠に事業を始めることはできません。僕は、二、三年先のキャッシュフローを固めておけば、当面はそれで十分だと考えています。長くて五年です。あとは事業をやり始めてから修正すればいいのです。

算数と言っても、厳格である必要はありません。当初立てた計画が思いどおりに進むはずはないので、骨格以外の部分にはある程度の「遊び」を持たせておいてもいいと思います。あまり細かいところまで詰めてしまうと、かえって計画に縛られてしまうという弊害が生じるからです。

決して算数を疎《おろそ》かにしろと言っているわけではありません。やりながら考えるという姿勢が大事なのです。人間の社会は複雑なので、どんなに単純なビジネスでも考えたとおりに進むはずがありません。算数にこだわりすぎて、ディテールばかりを重視するようになってもよくないのです。

ただし、ライフネット生命の場合はそうではありませんでした。それは、生命保険業が銀行業と同様、内閣総理大臣の免許事業であり、公共性が極めて高く、失敗することが一〇〇％許されない事業だからです。P／LもB／Sもキャッシュフロー表も、徹底的に細部まで詰めて一〇年計画を何通りも何通りもつくり直しました。

そこが普通のベンチャー企業とはまったく異なるところです。僕は失敗が許されない事業であるとの認識のもと、不退転の決意でライフネット生命の経営に日々取り組んでいます。僕の人生のなかでは、これほど土日を問わず長時間働いた経験は他にありません。

小さく始める

起業を望む人で、資金調達が壁になると考えている人がいます。

資金調達が大変なのは言うまでもありませんが、現代はマイクロファイナンス（小規模金融）をはじめとする多様な資金調達手段が活用できます。本当に資金調達が壁になっているかといえば、僕はかなり疑わしいと思っています。

起業の大前提として、最初はできるだけ小資本で事業を始めることを考えなくてはいけません。もちろん豊富な資金があれば経営は楽になりますが、少人数で事業を始めるときにたくさんの資金があると、人間はついつい贅沢《ぜいたく》になってしまうものです。

最初は小さく始め、少しずつ大きくしていく。

銀行の借り入れは、事業規模が大きくなり、キャッシュフローが安定的に回るようになってから頼みに行けばいいと思います。何の実績もない段階で銀行に頼むと、足元を見られるのがオチです。

銀行といっても、都市銀行や地方銀行、信用金庫に限定する必要はありません。日本政策金融公庫も新規開業資金の融資を行なっていて、五五歳以上のシニア向けの融資もあります。政府のファンドもたくさんありますし、一口に銀行といっても、探せばさまざまなローンがあるはずです。

少ない元手であれば、友人に借りることだってできます。

五〇歳ともなれば、それなりの金額を動かせるものです。自分のことをよく知る親しい友だち五人に「起業するから一〇〇万円貸してくれ」と言えば、五〇〇万円ぐらいを集めるのは決して不可能ではないと思います。僕自身も昔何人かの友人に「会社をつくりたいんだけれど、一口乗ってくれない？」と言われ、融通したことがあります。返ってきたものもあれば、返ってこないものもありました（もっとも、ライフネット生命を始めてからは、一心に専業するためすべてお断りしています）。

「株を買うカネ、異性にプレゼントするカネ、人に貸すカネ、返ってくると思ったらだめだぞ。返ってこないものだと思っていれば、人生は楽しいぞ」

日本生命に入ったころ、先輩にそう言われました。乱暴に聞こえるかもしれませんが、意外に真理をついている言葉だと思います。五〇歳ともなれば、そうした機微がわかる年齢のはずです。無理強いしたり、騙《だま》したりするのはもってのほかですが、友人に相談するというのも決して悪くはない選択肢だと思います。資金調達といえば銀行を想定する人が多いようですが、選択肢を問わずに工夫を重ねれば、いくらでも道はあると思います。

資金調達の関連で言えば、インターネットの存在が大きくなっていると思います。インターネットは若者のツールの代名詞のように扱われていますが、むしろ高齢者や弱者のためにある道具のような気がしています。

若者は、リアルの世界で体を張ることができます。長距離の移動にも耐えることができますし、睡眠を削って夜中の二時、三時まで議論することもできます。それに比べて、高齢者には体力的なハンディキャップがあることは否《いな》めません。

インターネットは、そうしたハンディキャップをすべてフラットにしてくれる存在です。体力のある人もお金を持っている人も、体力のない人もお金を持っていない人も、誰もが同じ条件で公平にアクセスできる。高齢者や弱者の道具と考える根拠はそこにあります。

僕の友人の一人は、五〇代になってから必死にインターネットを勉強し始めました。

「老後が楽しくなるかどうかは、インターネットを使いこなせるかどうかで決まる」

そう意気込んでいたことを思い出します。インターネットは若者の武器であるという考え方を捨て、高齢者や弱い立場にある人の味方だと認識を改めるべきでしょう。お金も何も持たざる人が起業するとき、最も役に立つツールになるのはインターネットなのです。

僕が四〇年ほど前に大阪から東京に転勤して最初にやった仕事は、日本銀行に「日銀短観」をもらいに行き、それを大阪の本社に送ることでした。

日銀短観は日銀による景況調査ですが、新聞には要旨だけしか発表されません。全文を読むには、日本銀行に直接出向いて日銀短観をもらわなければなりませんでした。田舎に住んでいる人が元データにアクセスすることは、事実上不可能だったのです。ところが、今は全文がインターネット上に公開されています。どんなに田舎に住んでいようとも、日銀短観は誰でも無料で即刻手に入れることのできるものになったのです。インターネットの普及によってあらゆるデータへのアクセスが可能となった現在、情報を入手するコストは格段に低くなりました。

かつて、弁護士を開業するには最低でも五〇〇〇万円が必要だと言われていました。昔の話なので、五〇〇〇万円と言えばかなりの大金です。

弁護士とはいえ、判例をすべて覚えるのは不可能です。事務所を開いてクライアントのあらゆる依頼に対応するためには、判例集を揃える必要があります。判例集は膨大で、すべてを収納するには相当広いオフィスを借りなければなりません。もちろん、判例集を購入するにも相応の金額がかかります。それらをすべてひっくるめると、五〇〇万円かかると言われていたのです。

この話は一つの比喩《ひゆ》ですが、現実の世界でも似たような話があったのは事実です。司法試験に合格しても、お金がなければ弁護士になれない時代があったのです。実際、クライアントが相談に訪れたとき、判例集がないからと図書館に走っているようでは信頼を失い、間違いなくクライアントに逃げられてしまうでしょう。しかし、今はパソコンが一台あればすべてに対応できるようになりました。

インターネットが、お金や体力のない人の武器になることがおわかりいただけたでしょうか。資金調達がネックになると言い訳をしていても始まりません。あらゆる調達手段を考え、インターネットを駆使すれば、起業へのハードルは昔に比べて格段に低くなっているということに気づいていただけると思います。

まず旗を揚げよ

起業へのハードルが思ったより低いことがわかり、起業に必要な「強い思い」と「算数」を備えている人は、実際の起業に必要な「人とお金」を集める段階に進みます。そこで必要なのは、まず旗を揚げることだと思います。

いくら強い思いと算数を持っていても、相手に伝わらないと意味はありません。伝わらなければ、人もお金も集めることはできません。応援してあげたいと思っても、どんな思いで旗を揚げるのかがわからなければ、応援しにくいのです。

旗を揚げるとは、強い思いと算数を文書化する作業にほかなりません。株式会社でもNPOでも、旗に大義がなければ人の心を打ちません。また大義には共感しても、本当に実現可能な事業であると理解されなければ、人もお金も集めることはできないのです。

強い思いを文書化するときに考えなければならない三つの要素があります。

「ミッション」

「コアバリュー」

「ビジョン」

これらはそれぞれのビジネス形態によって異なるので、ここではライフネット生命のケースでお話ししましょう。ぜひ参考にしてみてください。

ライフネット生命のミッションはこうです。

「生命保険料を半分にして、安心して赤ちゃんを産み育てることができる社会をつくりたい」

このミッションを決めた背景には、日本の所得の減少がありました。日本はこの一五年の間に、所得が一五パーセント前後減少していたのです。二〇代の平均所得は、共働きで三〇〇万円ちょっとしかありません。これが、若い世代がなかなか子どもを産めない要因の一つではないかと僕は考えたのです。

こうしたデータを見ると、今までのように毎月一～二万円もする高い保険料の商品はとても売れないと思いました。所得の減少と少子化に対応した安い保険料の商品を提供すること、つまり現在の生命保険業界を変えたいという強い思いが、ライフネット生命のミッションとなっているのです。ミッションとは、簡単に言えば「使命」のことです。

コアバリューについては、ライフネット生命の場合はマニフェストという形でまとめました。巻末に載せてありますので、ぜひご覧いただきたいと思います。このマニフェストは、四つの柱から構成されています。

「私たちの行動指針（真っ正直に経営して情報公開を徹底する）」

「生命保険を、もっと、わかりやすく」

「生命保険料を、安くする」

「生命保険を、もっと、手軽で便利に」

これらの柱に基づき、細かい行動指針を定めています。コアバリューとは「どういう会社をつくりたいのか」という思いそのものです。

最後に、ライフネット生命が掲げるビジョンです。

「一〇〇年後に世界一の生命保険会社になる」

これを見た人に、ミッションやコアバリューに比べてビジョンが少しいい加減ではないかと言われたことがあります。あまりに時間軸が長く、あまりに壮大な目標のため、実現可能性を考えていないと思われたのかもしれません。しかし、決していい加減ではなく、大雑把に決めたわけでもありません。

国でも企業でも、およそトップの器以上の組織はつくれないと言われています。これは人類の歴史が証明している通りです。それと同じで、ビジョンが小さいと会社の実態はもっと小さくなってしまう恐れがあります。ビジョンとは会社の器に当たるものなので、大きなビジョンを描いて大きく育ってほしいと願ったのです。

ライフネット生命を起業した僕から見れば、ライフネット生命はいわば僕の子どもです。子どもが生まれて早死にしてほしいと思う親は一人もいません。人間の寿命が八五年であれば、普通の親だったら最低でも八五年は生きてほしいと願うはずです。

僕も、親としてライフネット生命には八五年生きてほしいという願いを持ちました。生きた人間ではなく法人だから四捨五入して一〇〇年にしよう。そう考えて一〇〇年という数字を導き出したのです。

次に、一〇〇年という時間軸で何ができるのかを考え、生命保険業界のことを調べてみました。すると、明治生命が日本に生命保険を持ち込み、バブルのときに日本生命が世界一になるまでほぼ一〇〇年かかっていることがわかったのです。僕たちの先輩がゼロから一〇〇年で世界一を達成したという実績があるのなら、ライフネット生命にできないはずがないと意を強くしました。一〇〇年後に世界一になるというビジョンは、このようにして生まれたのです。

さて、強い思いを文書化して旗を高く掲げたら、さっそく人とお金を集める行動に移りましょう。

起業の本質は、自分のやりたいことをやることに尽きます。人とお金を集めるといっても、最初は自分の思い通りに事業をコントロールできる状態をつくっておくべきでしょう。旗に共感を示してくれた人がどんなに親切でも、株式会社の場合はお金を出した人が圧倒的に強い立場に立つからです。

スタート時の資本は可能な限り小さくしておきましょう。事業が軌道に乗るまでは、自分と自分の仲のいい友人や自分を信頼してくれる人で少なくとも全株式の五一パーセント、できれば三分の二以上は持っておいたほうがいいと思います。

最初は、自分で調達できる資本はたいした金額にはならないはずです。スタート時に関しては、借りられるものはできるだけ借りたほうがいいでしょう。

最近は、事務所も安価なレンタルオフィスがあります。僕たちがライフネット生命を起業したときも、最初に入居したのはそれほど広くないスペースに三つの企業が入った共同オフィスでした。半蔵門にある現在のオフィスに移るまで、成長に応じてヤドカリのように三度引っ越しています。

優秀な人材を集めたいと、最初から立派なオフィスに入ろうとする人がいます。まったく無意味だと思います。第一、オフィスで企業を選ぶような人材に立派な人がいるでしょうか。事業のスタートから数年間は、可能な限り固定費を抑えて変動費にしておき、自分が想定した事業計画が成立するかどうかを見極めたほうがいいでしょう。高望みしてもろくなことはありません。小さく産んで大きく育てること。これがあらゆるビジネスを成功させる秘訣《ひけつ》だと思います。

人を集めるのも同じです。最初は、人もできるだけ少数に抑えておくべきです。一度雇ってしまうと固定費が増えて大変になるだけです。万が一のことがあっても、そう簡単に人は替えられません。

雇い方にもさまざまな方法があります。人材紹介会社に頼んでも、自分のコネクションで集めても構いません。そこで思い通りの人材が採用できればそれに越したことはありませんが、なかなか集まらない場合は、思い切って公募するのも悪くはないと思います。

かつての求人は、求人雑誌などによる公募が主流でした。実は、求人雑誌が登場する以前も公募が主流でした。それは、電柱や駅の掲示板に貼《は》ってあった求人票です。現在はインターネットの発達で、公募のバリエーションが豊富になっています。とくに、ツイッターやフェイスブックなどSNSの存在が大きく寄与しています。

例えばSNSで旗の概要を示し、こんな会社をつくりたいので若いみなさん助けてくれませんかと、広く呼びかけてはどうでしょうか。人材として必要なのは、自分の足りないところを補ってくれる人です。経理が弱ければ経理に強い人、営業が弱ければ営業に強い人。自分のタイプを示し、欲しい人材のスペックを書くだけで広く公募することができます。もちろん、費用はかかりません。

僕は、公募のほうがユニークな人が採用できていいと考えています。

自分のコネクションや人材紹介会社に頼んだ場合、どうしても自分のメガネにかなう似たような人が集まってしまいます。自分の脳味噌《のうみそ》に入っている音符とは違う音符を持っている人が採用できれば、ダイバーシティが実現できて面白いかもしれません。インターネットを利用すれば採用コストもほとんどかからないので、一石二鳥の効果があると思います。

真っ当なことをやる

僕の子ども時代は、村落にテレビが一台しかありませんでした。その家は、夏になると縁側にテレビを出してくれて、庭にむしろを敷いてくれました。僕ら村落の子どもたちは、蚊取り線香を焚《た》きながら、むしろに座ってみんなで仲良くテレビを見たものです。

僕が若かったころは、GE製の大きな冷蔵庫が一つのステータスシンボルでした。先輩の家にある最先端のGEの大きな冷蔵庫を見るたび、僕も早く役職についてこんな冷蔵庫を買いたいと思ったものです。いわゆる3C（カー、カラーテレビ、クーラー）の時代が始まっていたのです。

キャッチアップに必死になっていた高度成長期は、まだモノがない時代です。モノやサービスが行き渡っていない時代は、いいモノやサービスをつくれば売れました。当時は、いいモノやサービスそのものが一番の差別化要因だったのです。だからキャッチアップ型の工場モデルが成功したのです。二一世紀の今、社会にはモノやサービスがあふれています。人間は、このような時代に何を求めるのでしょうか。

雑誌か何かで読んだ話です。ある高級スーパーで、三種類のニンジンを売っていました。一つは何の変哲もない普通のニンジンで、もう一つは無農薬で育てたニンジンです。無農薬のニンジンは、普通のニンジンに比べて三割高い。そこにはもう一種類のニンジンが置いてあり、普通のニンジンの倍の値段がついていたそうです。そのニンジン売り場には、一〇〇円のニンジンと、一三〇円のニンジンと、二〇〇円のニンジンが並んでいたのです。

この二〇〇円のニンジンは、見た目はほかの二つのニンジンと変わりがありません。唯一《ゆいいつ》違うのは、袋の中に紙切れが一枚入っていることです。紙切れには、生産者の顔写真と電話番号とメールアドレスのほか、一つの文章が書いてありました。

「このニンジンは、農薬を使わず、自分の手で雑草を引き抜き、自分の手で害虫を潰《つぶ》しながら育てたニンジンです。ちょっと割高ですが、どうぞ食べてみてください」

入荷量が少ないとはいえ、この二〇〇円のニンジンは入荷と同時に完売してしまうといいます。この話を聞いて考えたのは、二〇〇円のニンジンを購入する人が、何を求めているかということです。

無農薬ニンジンを買いたい人は一三〇円出せば購入できます。わざわざ二〇〇円出して買う理由は、無農薬というポイントではないはずです。だとすると、プラス七〇円という付加価値の源泉は、生産者の理念あるいは生き様を応援したいという共感しか考えようがありません。こんな人がいてもいいな、もうちょっとがんばってほしいなという気持ちで、消費者は二〇〇円のニンジンを買っているのだと思います。

モノやサービスが行き渡り、技術革新が進んでモノやサービスのレベルが上がれば上がるほど、プリミティブな理念や人間の体温を求める時代になるような気がします。共感と言い換えてもいいと思います。モノやサービスが希少だった時代は、共感のようなものは必ずしも必要ありませんでした。しかし、二一世紀はそうではないのです。

ライフネット生命でも、驚くような事例が起こっています。

コンタクトセンター（コールセンター）のサービスが評価され、ある賞をいただきました。それをツイートしたところ、契約者の方が手作りのクッキーを持って来社されました。クッキーにはライフネット生命のロゴマークや、おめでとうという文字が書かれています。この出来事をツイートすると、次のようなつぶやきが返ってきました。

「俺はこれだからこの会社が嫌いなんだ。既存の大きな会社が何か賞を取ったとして、契約者がクッキーを焼いて持っていくか？　この会社のこういうノリがイライラするんだ」

言いたいことはよくわかります。それでも、これが二一世紀のビジネスの主流になっていくのではないかと僕は思います。おそらく、クッキーを焼いてくださった契約者の方は、ライフネット生命のコアバリューであるマニフェストやミッション、ビジヨンに共感しておられるのだと思います。モノやサービスそのものや価格ではなく、大義に共感できるかどうかで選択される時代に入ったのです。

ライフネット生命ではほぼ四半期ごとに「契約者の集《つど》い」を開催しています。それほど大層なものではありません。土曜日の午後もしくはウィークデーの夜、仕事帰りに契約者の方に来ていただき、会社の中を案内し、僕が話をして、意見交換してそれで終わりです。お出しするのはお茶と軽いお菓子だけです。

あるとき、会社に瓶詰めが二〇個ほど届きました。「契約者の集い」に参加された方が勤務する企業の製品です。こう書かれていました。

「契約者の集いに参加して、ライフネット生命が好きになりました。会社のみなさんで食べてください」

これも、おそらく共感なのだと思います。

東京で行なった契約者の集いに、大阪から来られたご夫婦がいらっしゃいました。わずか二時間の簡単なイベントに、わざわざ新幹線で来られるとは。出席していた従業員一同、大感激したことは言うまでもありません。

現在の世界では、どれほどニッチな分野で新しい事業を始めても、すでに世の中にあるモノやサービスの亜流の域を出ないと思います。そうであれば、真の意味で差別化が図れる要素は、大義や理念のようなものになっていくはずです。真っ当なことをやり、その理念に共感してもらうことが、ビジネスの成功確率を高めるのではないでしょうか。

では、真っ当なこととはどういうことでしょうか。

これはかなり難しい概念です。というのも、真っ当なことは時代によって変わっていくからです。僕が言えるのは、少なくとも今の時代に多くの人から共感されることであるということだけです。

手前味噌ですが、ライフネット生命のミッションやマニフェストは真っ当だと思っています。日本がこれだけ所得の減少や少子化で苦しんでいるなかで、保険料を半分にして、安心して赤ちゃんを産み育てられる社会をつくりたいというミッションは、多くの人に共感していただけると思うからです。

真っ当という言葉は「大義」と言い換えられるかもしれません。これも相対的なものなので、時代とともに緩やかに変わっていくと思います。ただ、いつの時代にも共通して言えることは、モノやサービスを提供する企業が心から納得して、一点の曇りもないほどにそのことを固く信じていることが大事だということです。これは受けるだろうと思っている程度では、絶対に共感されません。企業もしくは経営者がそうしたい、そうありたいと強く望んだことが、数字・ファクト・ロジックに照らして丁寧に説明され、多くの人の共感を得ることが真っ当ということだと思います。

パタゴニアという衣料メーカーがあります。

環境問題に敏感なメーカーとして地歩を築き、現在もさまざまな環境保護活動を行なっています。特徴的なのは、メーカーでありながらリユース、リペア、リサイクルを推奨していることです。どれだけ配慮しても環境に負荷を与えるのは間違いないので、新しい商品を買うより、古いものを生かしてほしいと訴えているのです。

経営者の視点で見れば、よくこれで商売ができるなと思ってしまいます。にもかかわらず、パタゴニアは四〇年前から増収基調を維持し続けています。ユーザーが、パタゴニアの発する姿勢に共感しているからでしょう。

これからビジネスを始める人にとって、パタゴニアのように強い理念を持ち、エッジの立った商売をしている企業は一つの参考になるのではないでしょうか。真っ当なことが通らなければ、みんなで起業して、真っ当なことが通る世の中に変えていけばいいのです。

第六章　あなたが生きるこれから三〇年の世界

世界に起こる変化

これからの長い人生を考えるうえで、スタート時点となる現在の世界を正確に把握することはとても重要です。本章では、現在から今後三〇年に起こる世界の変化と日本の課題について考えてみたいと思います。

まず、アメリカの現状と展望からお話ししましょう。アメリカには銃の問題や貧富の格差などマイナス材料は山ほどあります。トランプ新政権の「アメリカ・ファースト」、保護貿易的な動きもとても気になります。しかし、個人的にはアメリカの将来は楽観しています。アメリカは世界一の先進国であるうえ、人口が増えているからです。現在の人口は三億二三〇〇万人程度ですが、二〇五〇年には五億人になるとも言われています。人口が増える国は圧倒的に強い。国土も広く、シェールオイルなどの資源もあるので（石油の産出量も世界一です）、それほど心配する要素はないと思っています。人口増加の担《にな》い手がヒスパニックや黒人であることを不安視する学者もいますが、それは皮相的にすぎるというものです。

僕は、アメリカにはさらに優秀な人が増えると考えています。その最大の根拠は、大学の高い競争力です。世界の有名大学のほぼ半分がアメリカにあり、常に一〇〇万人を超える留学生を抱えています。中国からの留学生だけでも、三〇万人を超えていると言われているのです。しかも、アメリカの大学の授業料は年間二〇〇万円から三〇〇万円と高額なうえ、ほかにも生活費が必要です。つまり、留学生が大学院に二年間通うためには最低でも約一〇〇〇万円くらいの大金が必要になるのです。それだけでも、一〇兆円の有効需要が生まれます。

優秀で若い人が世界中から一〇兆円持ってアメリカに来てくれる。これほど強い国はありません。留学を終えたらほとんどの学生は母国に帰るにしても、一定の割合で残る人もいます。ロシア人とアメリカ人が組んで起業したグーグルのように、外国人とアメリカ人が組んでベンチャーを起こすケースが増えています。国の活性化に欠かせないダイバーシティが仕組み化されているのです。

留学生は、国の将来を占ううえで極めて重要な存在です。アメリカに留学している日本人留学生の数が中国人の一五分の一以下だという事実は、極めて危機的な状況です。仮に中国人より日本人のほうが優秀だったとしても、一・五倍の人脈をつくるのは困難です。人的関係の面でも中国とアメリカの結びつきは今後ますます強くなっていくと考えるほうが自然ではないでしょうか。

ヨーロッパの現状は、二〇年前の日本のようなものです。バランスシートがかなり傷《いた》んでいます。日本には「失われた二〇年」と呼ばれた時期がありましたが、ヨーロッパもそう簡単には元気にならないでしょう。二〇一六年には難民問題で揺れ連合王国の国民投票でEU離脱派が勝利を収めたので、これらをきっかけにEUはいずれバラバラになると言う人もいますが、僕はその可能性はほとんどないと思っています。

EUは、一九五二年に設立された「欧州石炭鉄鋼共同体」が母体になっています。その中核をなすフランスとドイツは、わずか一〇〇年の間に三度も大きな戦争を引き起こしています。はじめは一八七〇年の普仏《ふふつ》戦争、残りの二回は第一次、第二次世界大戦です。一〇〇年という短い間に全力で総力戦を三度も戦った両国は、この苦い経験を糧《かて》にして結びつきを強めていきます。西ドイツの初代首相アデナウアーと、フランスのシャルル・ド・ゴール大統領が話し合い、両国の国境地帯にある小学校、中学校、高等学校で組織的な交換留学を始めました。共通の教科書をつくり、必要があれば双方の閣議に財務大臣が出席します。僕は、フランスとドイツの紐帯《ちゅうたい》が失われない限り、ＥＵが崩れることはまずないと考えています。

ベルギーのブリュッセルに本拠を置くＥＵ官僚も育ってきています。どのような国家であれ、官僚体制が整えば背骨ができて強くなりますし、そこから優秀な人材も育っていきます。ＥＵにしか忠誠を誓わない官僚が出現し、欧州議会と欧州裁判所ができ、欧州の大統領が誕生したのですから、そう簡単にＥＵは元には戻らないと思います。物事には両面があり、ＥＵ官僚がけしからんと思う人もいるのですが。

アメリカが二、三パーセントの成長を続けていく一方で、ＥＵは一パーセント台の低成長の状態がしばらく続くかもしれません。それでも、欧州には長きにわたって培《つちか》ってきた知恵があるので、ＥＵが崩壊したり、欧州発の問題が世界を破滅に追い込むリスクは少ないと考えていいでしょう。

問題は、中国と東南アジアです。

正直なところ、中国についてはよくわかりません。識者の間でも悲観論と楽観論が交錯しています。悲観論は、まず自由主義経済と共産党独裁というアンバランスな社会構造に注目します。共産党の一党独裁の下に、国営企業には巨大な利権が発生します。そこには必ず腐敗が生じるので、国民の不満が高まります。加えて、中国にはチベットやウイグルなどの民族問題、南シナ海における領土問題などが横たわり、暴発するリスクも高いと見るのです。

経済面を見れば、長年貫いてきた一人っ子政策によって急速に高齢化が進み、生産年齢人口の減少が進行します。GDPに占める国内消費の割合が五割を下回るほど小さく、政府による投資主導型の経済構造は非常に脆弱《ぜいじゃく》です。しかも、設備投資の資金は外資が中心です。外資の主導で中国は過剰な生産設備を抱え込んでしまいました。

そのうえ、シャドーバンキングや金融バブルへの警戒感も拭《ぬぐ》えず、日本との関係も決して良好とは言えません。中国の不安材料は、枚挙に暇《いとま》がないほど存在します。しかし、グローバルに見れば楽観論が優勢であるように見えます。

少し前に『2052　今後40年のグローバル予測』（日経BP社）という本を読みました。著者はヨルゲン・ランダースというノルウェーの学者です。

この本は、世界的シンクタンクであるローマ・クラブの報告書『成長の限界』（一九七二）の焼き直しで、二〇五二年までの世界を総悲観論で描いたものです。世界中のあらゆる国を徹底して悲観的に描いているのに、中国に対しては楽観的なのです。

僕はランダースの来日に合わせて対談し、その根拠について尋ねてみました。

「中国人は豊かになることを願っています。まだ平均的な水準は貧しいので、中国人はお金持ちになることしか考えていません。一党独裁体制の共産党も、経済成長しない限り政権はもたないと考えています。もともと選挙をしていないので、共産党に任せておけば毎年所得が上がることを証明しないと、国民を納得させることはできません。つまり、国の指導者も国民も考えていることは成長であり金儲《かねもう》けなのです。両者が同じ方向を向いていれば、大きな問題は起こらないはずです」

ランダースは、もう一つの理由として中国の官僚の賢さを挙げました。

「中国の高級官僚のほとんどは、欧米の超一流大学を優秀な成績で卒業した人ばかりです。国を指導している人が賢ければ、この状況はマネージできるはずです」

新たな懸念材料は、トランプ政権が中国に対して厳しい視線を向けていることです。経済的には既に二強（G2）となっている米中関係が敵対的なものになれば、世界の平和は相当脅《おびや》かされる可能性があります。

もともとアメリカは、人権問題などに象徴されるように、決して全面的に中国を肯定していたわけではありません。しかし中長期的な国益を考えると、中国が崩壊することを望んでいるとも思えません。日本には即時共産党政権崩壊、即時チベット独立などを訴える人がいますが、アメリカはそうは考えていないでしょう。少しずつ自由化し、少しずつ多党化に向かえば、よほどひどい人権問題などを起こさない限り中国の政権を許容すると思います。

中国の崩壊は、東アジアだけではなく東南アジアにも大混乱をもたらします。リーマンショックのときに「大きすぎて潰《つぶ》せない（too big to fail）」という話がありましたが、それは金融機関だけではなく国際政治にも言えることなのです。

そもそも、中国は秦《しん》の始皇帝以来、伝統的に中央集権体制の国家です。かつての建前としての儒教が共産主義に移行しただけで、優秀な官僚が全国を一元的に支配するシステムはこの二〇〇〇年間変わっていません。中国の中央集権体制は想像以上に強いと思うべきでしょう。それを象徴するのが「時間」です。中国とアメリカの面積はほぼ同じですが、アメリカには六つの標準時間があるのに対し、中国の標準時間はたった一つだからです。

さはさりながら中国はあまりにも大きくて多様なので、これからの中国がどうなっていくかは僕にもわかりません。わからないとしても、日本にとって望ましいのは安定した中国に決まっています。中国がバラバラになり、小さい国になってほしいと願う人もいるかもしれませんが、そうなったら大混乱が起こることは目に見えています。

それが日本経済にとって損か得かを考えれば、答えは火を見るより明らかです。日本にとっても、アメリカと中国が衝突することなく、中国が安定した成長を続けてくれることが好ましいのです。

東南アジアは、明快な答えを出しにくい地域です。

日本には、中国が崩壊しても、東南アジアにシフトすればカントリーリスクは分散できるという考え方があります。しかし、僕にはそう思えません。なぜなら、タイの王家に華人の血が流れていることからもわかるように、東南アジアと中国の関係はとても深いものがあるからです。東南アジアの経済を取り仕切っているのはほとんどが華僑《かきょう》だと言っていいかもしれません。

中国の最大の問題は、供給力の過剰です。工場が乱立して固定資本比率が高く、設備投資が過剰に行なわれていることが原因です。そうした状況で中国の経済が減速すると、考えられるのは一種の「飢餓輸出」（近隣窮乏化的な輸出）が生じることです。

現在の体制で経済が回らなくなれば、中国はダンピングをしてでも無理やり輸出を増やそうと考えるかもしれません。その輸出は、間違いなく東南アジアに向かうでしょう。東南アジアは地理的にも中国に近接していて、飢餓輸出を拒否する力を持っていません。しかもメコン川流域では、すでに人民元がハードカレンシー(国際通貨)として決済に使われているほど中国への依存度は高まっています。

一方、東南アジアにとっても中国への輸出は成長を支える大きな要因となっています。輸出品は農産物や天然資源から部品・製品にまで及んでいて、いまや東南アジア経済は中国経済と切っても切れない共存共栄関係にあるのです。もし中国経済が回らなくなれば、東南アジアは輸出の面でも深刻な打撃を受けることになります。

このように考えれば、東南アジアのリスクは、中国のリスクとあまり変わらないと言ってもいいでしょう。中国が東南アジアに飢餓輸出をした結果、東南アジアも一蓮《いちれん》托生《たくしょう》で崩壊するという流れです。中国と東南アジアは分けて考えられないと見たほうがよさそうです。

これからの世界は「海図なき航海」と言われるように、見通しが立てにくい時代がくると言われています。しかし中長期的にみてアメリカの状況は相対的に明るく、欧州も成長率は低くても大きくは崩れず、中国と東南アジアは高度成長する代わりにリスクも抱えるという状況だとすれば、みなさんがこれから生きていく世界は、現在の枠組みからさほど大きくは変わらないということになります。

日本の未来〜赤ちゃんを産みやすい社会に〜

こうした世界情勢がしばらく続くという前提で、日本の状況を考えてみましょう。

目下の日本の最大の課題は、人口が減り続けていることです。現在の日本の総人口は約一億二七〇〇万人ですが、さまざまな推計を見ると三〇年後には八〇〇〇万人から九〇〇〇万人に減少すると言われています。人口の二割から三割がいなくなる計算です。このまま放っておけば企業の売り上げも二割から三割減少し、多くの企業や店舗が潰れていきます。これから三〇年の日本の政策課題の筆頭は、人口減少問題への対応になると思います。

僕は、中長期的には赤ちゃんを産みやすくする政策の実行が最大の解決策になると思っています。

フランスは「シラク三原則」を定め、赤ちゃんを産んでも経済的に苦しくならない仕組みを構築しました。その一つ目の原則は、子どもを持つ持たないは女性が自由に決めればいいというものです。ただし、女性が産みたい時期と女性の経済状況が必ずしも一致するとは限らないので、子どもが多いほど多くの補助金を出すようにしたのです。赤ちゃんの数が増えるにしたがって給付を増やせば、収入が安定して産みやすくなるという発想です。逆に言えば、赤ちゃんを何人産んでも女性が経済的に困らないようにしたということです。

二つ目の原則は、保育園の充実です。欧州では女性も働くのが一般的なので、保育園の待機児童がゼロになるよう、自治体の責任で保育を整備させました。義務保育と考えればいいでしょう。

三つ目の原則は、育児休暇は留学と同じ位置づけにして、戻ってきたときに元のポストで仕事ができるようにしたことです。人事評価も育児休暇に入る前のままだとすれば、誰でも安心して育児休暇を取れるようになります。加えてPACS（連帯市民協約）を導入し、法律婚と事実婚の差別をなくしました。シラク三原則のような子育て支援政策を実施すれば、フランスの出生率が九〇年代の一・七台から二〇一〇年の二・〇に上がったように、日本の出生率も上がると考えています。

移民の受け入れも、人口減に対応する政策としては有効だと思います。

日本では移民という言葉を聞いただけで、条件反射のように問題視する人が多いようですが、そもそも日本は移民がつくった国だということを忘れていないでしょうか。

塚本青史《せいし》が書いた『光武帝《こうぶてい》』（講談社文庫）という小説があります。この本は、新《しん》で起こった赤眉《せきび》の乱という眉《まゆ》を赤く染めた農民の反乱から始まります。やがて新は滅び、光武帝が東漢初代の皇帝となるのですが、反乱に加わったある若い男女は、中国ではうまくいかずに船出して、東のほうに去っていきます。

そして西暦五七年、光武帝が死ぬ直前に東の国から使いが来ます。赤眉の反乱軍で共に戦った若い男女が夫婦になり、東の島の小さな国で安定した生活をしていることがわかったのです。そこで、光武帝は彼らに金印を渡しました。それが、福岡県の志《し》賀島《かのしま》から出土した「漢委奴國王《かんのわのなのこくおう》」と書かれた金印だったという物語です。

これは小説ですが、当時の状況をよく表わしていると思います。日本はロシアから来た人、朝鮮半島から来た人、中国から来た人、南方から来た人など、移民が流れついてできあがった国です。ミトコンドリアを使ったＤＮＡ分析では、日本は中国や韓国以上の多民族国家だとされています。

地方では、増え続ける高齢者を介護する人材が不足しています。にもかかわらず、フィリピンから来た看護師に漢字の試験を受けさせ、不合格者を本国に送り返すという、世界の目から見れば信じられないような事態が続いています。漢字が読めなくても、口頭での意思疎通《そつう》ができれば十分ではないでしょうか。

外国人に来てもらいたいと考えたとき、どの国も若くて優秀な人に来てほしいと考えるものです。それは学生です。学生を呼び込むには、大学の競争力を上げなければなりません。世界の大学ランキングのトップ一〇〇に入っているのが、東大と京大だけという低いレベルでは、世界の優秀な学生が来てくれるはずはありません。

一般に、世界の優秀な学生はその後のキャリアをよく考えて留学するので、ランキングの高いハーバードやオックスブリッジやスタンフォードが選好されます。しかも、日本語は国際的にはあまり役に立ちません。二年間で一〇〇〇万円という大金をはたいて留学しようと思えば、レベルの低い日本の大学を素通りするのは当然なのです。現状を脱却するには、世界で主流の秋入学を取り入れ、英語で授業をして、大学のランキングを上げることに必死で取り組まなければなりません。

赤ちゃんを産みやすい社会をつくり、留学生を受け入れる体制を整えても、この政策によって労働力が増えるまでには時間がかかります。僕は、それまでに打つべき手として二つの方法があると考えています。

一つは、女性にもっと活躍してもらうことです。

ダボス会議を主宰する世界経済フォーラムが発表した「グローバル・ジェンダー・

ギャップ・リポート2016」によると、日本の男女平等の達成レベルは一四四カ国中一一一位という目も当てられない水準です。

その元凶にあるのは、長時間労働と専業主婦にインセンティブを付与する二つの仕組みです。長時間労働については、ようやく政府も重い腰を上げ、働き方の改革を掲げて残業上限規制やインターバル規制の導入の検討を始めています。次に二つの仕組みについてですが、一つは三八万円以下という配偶者控除の対象となる金額です。パートタイマーの主婦であれば、給与所得控除の六五万円をプラスした一〇三万円という金額が最低ラインになります。一〇三万円以上働いたら不利になるのであれば、誰もそれ以上働こうとは思いません。もう一つは社会保険の第三号被保険者制度です。保険料を納めずして年金がもらえるのであれば、誰が積極的に社会進出して働こうとするでしょうか。

わが国に長く定着してきたこの二つの仕組みを、一朝一夕になくすことは困難です。知恵を絞って上手な方法を見つけていく必要はありますが、将来の方向としてはどちらもなくすべきことは明らかだと考えます。

もちろん、女性が社会に出て活躍するためには待機児童ゼロが大前提です。シラク三原則に象徴されるような両立支援制度を充実させることが必須《ひっす》条件です。女性を家庭に縛りつけておくような仕組みを変え、女性にもっと社会に出て活躍してほしいという積極的な意思表示を含めてこれまでの社会システムを変革しない限り、女性が積極的に働く国はつくれないでしょう。

誤解がないように付言すれば、専業主婦（夫）がいけないと言っているのではありません。働きたいのに働けない状態はおかしいと言っているのです。働くか働かないかは、子供を持つ持たないと同様に、女性が自分で決めるべきことであるのは言うまでもありません。

これについてはさすがに政府もわかっているようで、二〇二〇年までに各分野で指導的地位に立つ女性の比率を三〇パーセント以上にしたいと宣言しています。僕はそれでは生ぬるいと考えていて、欧州のように女性の割合を義務づける「クオータ（割り当て）制」を導入すべきだと考えています。ともあれ、二〇〇万人単位で存在している団塊の世代が労働市場から退場を始め、若者が一〇〇万人強でしか成人にならない状況では、どう考えても女性に活躍してもらうしかないのが現状です。

もう一つが、高齢者の労働力を活用することです。

これからの日本で労働力が不足するのは明らかで、現にいくつかの業界で労働力不足が深刻化し始めています。これを打開するには、定年制と年齢別の求人制度を廃止し、健康で意欲がありスペックが合えば、いつまでも働けるような年齢フリーの仕組みを整えるしかありません。労働人口が減って扶養する人が増えれば、負担が増えるだけです。最近定められた六五歳までの定年延長などという弥縫策《びほうさく》では、真の問題解決には至らないと思います。

五〇代での起業を考えるなら、日本の懸案事項である人口減少問題に一つのヒントがあるかもしれません。女性や高齢者が働きやすい環境を整えることについては、確実に商機があるということです。女性が働くための大前提となる未就園児を含めた保育関連事業、小学生の学童保育関連事業にもチャンスは広がっていると考えられます。

一方で、高齢化が進めば社会保障の問題がクローズアップされます。

序章で述べたように、公的年金や公的医療が破綻《はたん》することはあり得ません。ただし、今までのように高齢者の医療費負担を一律一割にしたり、六五歳になると年金が自動的にもらえるという考え方は捨てなければなりません。働くのも年齢フリーにするのであれば、社会保障のようなセーフティネットも年齢フリーにするべきです。

高齢者でも十分な収入や資産がある人に年金は必要でしょうか。医療費も年齢フリーで一律三割負担にするべきです。これまでの社会保障は、儒教の精神よろしく高齢者に厚くする一方で、若年層に手薄だった感が否《いな》めません。シングルペアレントはわが国の全世帯の一割弱を占めていますが、その六割前後が貧困に苦しんでいると言われています。明日を担う子どもたちをこのまま放置していいのでしょうか。今後は年齢を問わず、仕事ができずに困っている人に対して社会保障を手厚くする仕組みに変えなければ、高齢化社会を乗り切れないと思います。

なお、社会保障を充実させるうえで最も公平なのは消費税だと思います。所得税は一見公平そうに見えますが、税務署による課税所得の捕捉率《ほそくりつ》はトーゴーサン（給与所得者一〇・自営業者五・第一次産業従事者三）とかクロヨン（九・六・四）と言われて久しいものがあります。

税は何よりもフェアであることが第一です。所得税を整備拡充するのであれば、マイナンバー制（法施行一五年十月）と紐《ひも》づけして、すべての資産や所得を白日のもとにさらさなければなりません。そのうえで所得税を課すのであればフェアですが、トーゴーサンやクロヨンを放置したままで所得税に依存するのはアンフェア以外の何物でもありません。

所得税についてては、もう一点言いたいことがあります。所得税に頼ると、どうしても働き盛りである若い世代に負担が重くのしかかるという現実に直面します。

日本は、これから若者より高齢者が増えていく時代を迎えます。それでなくとも社会保険料の負担が大きい若い世代に、さらに所得税の負担を大きくしていいのでしょうか。消費税なら若者も高齢者も負担は同じです。原理原則から考えても、所得は消費するためにあるので、消費に税金をかけるのが何よりもフェアだと思います。

高齢化社会では医療の問題も重要です。高齢者が健康でいる間はともかく、意思表示ができなくなってからも、チューブにつながれて一〇年以上生きる人がいます。この人には、毎日莫大《ばくだい》な額の医療費がかかります。日本では、このチューブを抜くと下手をすれば殺人罪に問われるので、誰も抜くことができません。これからますます高齢化が進んだときに、はたして現状のままでいいのだろうかと考えてしまいます。

ロンドンに駐在していたころ、現地の医師に聞いた話がとても印象的でした。人間の体の七〇パーセントは水なので、簡単に言えば人間は水です。水である人間が自らの力で水を飲めなくなるということは、人間の世界から神さまの世界に移ったと考えるというのです。あとは神さまに任せ、医師は治療をやめるという哲学があるそうです。

人間は必ず死を迎えます。だとしたら、五〇歳を超えたら毎年遺書を書くことを始めたらどうでしょうか。参考になるのはアメリカで生まれ、オーストラリアなどでも実施されている「アドバンス・ケア・プランニング（ＡＣＰ）」と呼ばれる考え方で、日本では「患者の意思決定支援計画」と訳されています。どのように生きたいか、どのように死にたいかということを、本人が元気なうちに意思表示しておくものです。「意識がなくなったら一切治療をしてほしくないので、病院には運ばないでほしい」「意識がなくなっても生き続けたいから、お金が続く限り治療してほしい」

こうした本人の意思を、ＡＣＰとして残しておくのです。

この制度を日本でも取り入れるべきではないでしょうか。仕組みづくりは非常に簡単で、診療報酬の点数表に「ＡＣＰ」という項目を設け、自分の受け持つ地域の患者と相談して医師にＡＣＰを作成させるのです。このとき、一枚ごとに一万円がカウントされ、毎年更新するとさらに二万円をカウントするなどのインセンティブを与えれば、医師も一所懸命取り組むようになると思います。ＡＣＰはカルテ同様マイナンバーで識別し、クラウドで保存し、医師が必要なときに取り出せるようにしておけば、医療の効率化に大きく資するようになるでしょう。

医療について言えば、連合王国のように医療の二層化も必要だと思います。

開業医はすべて家庭医にして、大学病院や総合病院はすべて専門医にします。そして原則として家庭医の推薦状がある場合にのみ、専門医にかかれるようにするのです。もちろんフリーアクセスも考えなければいけません。家庭医で心配な人は直接専門医に行っても構いませんが、その人からは一回の診察につき、相当な金額を徴収すればいいのです。風邪で大学病院に行くのは、明らかに貴重な資源の無駄遣いです。

連合王国では、ただの風邪では薬がもらえないと聞きました。おいしいものを食べて三日間寝ていなさいという指導を受けるだけです。医師には無闇《むやみ》に薬を出させない指導がなされていて、無駄な薬を出さない報酬として、一定の金額が支払われるといいます。薬は効果があるほど副作用も大きいので、市民の健康のためでもあるのです。

医療に対する考え方も、高齢化社会に合ったように変えていかなければ、この国が厳しい状況に追い込まれていくのは間違いありません。

日本の未来〜伸びる産業に人を移す〜

日本の二つ目の課題は、生産性を上げることです。

すべてのビジネスは「件数×単価」として表現できます。数が売れれば儲かりますし、高く売れれば儲かります。その相乗効果が高まれば、十分な収益を上げることが可能です。これを国家に直せば「生産性×人口」になります。生産性が高く人口が多ければ、国家としての経済規模が増大するのです。

人口に関する話はすでに言及しました。ここでは生産性について考えたいと思います。生産性を表す一つの物差しとしてスイスのＩＭＤ（国際経営開発研究所）が算出している国際競争力を見ると、わが国は二〇一六年で世界二六位です（World Competitiveness Yearbook）。名目ＧＤＰ（いわばストック）で世界第三位の大国が、フローの競争力で二〇番台に低迷しているということは何を意味するのでしょうか。これを放置すれば、年々貧しくなっていくということに他なりません。したがって、わが国の国際競争力を高めることは焦眉《しょうび》の急《きゅう》なのです。生産性を高める働き方の改革については前述しました。

その次に競争力を高める方法は、これから伸びる産業に優秀な人を集めることだという考え方に疑いの余地はありません。人間はチョボチョボなので能力に大きな差はなく、個人の競争力が簡単に二倍になることはないのだとすると、伸びる産業にどのように人を移していくかということが大きなポイントになるからです。

ところが、日本は労働力の配分の最初の段階から少し歪《ゆが》んでいるのではないでしょうか。

アメリカの学生が選ぶ就職先人気番付トップスリーは、グーグル、ウォルト・ディズニー、アップルの三社です。新しいこれから伸びるであろう企業が中心です。

一方、日本の学生の就職人気ランキングは、旅行会社や航空会社が目立ち、アメリカとは様相が異なります。

日本の成長戦略に「将来の日本経済を牽引《けんいん》するのは、旅行会社や航空会社である」と書いてあったでしょうか。政府の成長戦略が正しいかどうかの議論はともかく、これからの成長分野が医療・介護、農業、ＩＴ、教育、あるいはベンチャー企業やＮＰＯなどであることは広く共有されています。成長分野に優秀な人が流れずして、この国の成長がどこで担保されるというのでしょう。

わが国が労働力の最初の配分の時点で歪んでいるのであれば、労働の流動化に解を求めるしか方法はありません。大企業から中小企業へ、既得権益を持っているこれまでの企業から新興企業へと労働力を移すのです。それには金銭による解雇ルールを定めるなどして諸規制を緩和し、労働者が自由に移動できるようにする必要があります。それが十分に行なわれない限り、この国の生産性が上がる可能性は少なくなってしまうのではないでしょうか。

そのときは、まだ仕事のことを何も知らない若者ではなく、経験を積んだ年長者を移すほうがベターです。中高年が新しい分野に移ってチャレンジし、若い人は既存の大企業などでビジネスに関する最小限の教育を受けて社会人としての基礎を養う。そのほうが、社会全体として人がうまく回ります。

労働の流動化の話が持ち上がるだけで、拒否反応を示す人がいます。そういう人は、この話をよく考えていただきたいと思います。

僕がロンドンに赴任していたとき、スイス銀行とスイスユニオン銀行が合併することになりました。スイス銀行のオスペルという辣腕《らつわん》の頭取が、ロンドンにあるそれぞれの投資銀行子会社を整理するために乗り込んできました。当時、スイス銀行ロンドンの従業員は約三〇〇〇人、スイスユニオン銀行にも約三〇〇〇人のスタッフがいました。オスペルは、合併で六〇〇〇人になった従業員を、三〇〇〇人に絞り込む決断をしました。

当時、日本生命はスイス銀行の筆頭株主だったので、株主としてオスペルに会いに行きました。その機会に、心のなかにあった疑問をぶつけます。

「三〇〇〇人と三〇〇〇人を足して六〇〇〇人の会社を三〇〇〇人にする。つまり二人に一人は解雇すると報道されているが、それは本当なのか」

「ああ、そのつもりだ。ロンドンでは一つのポストに二人の従業員がいる。だから面談をして優秀な従業員を残し、もう一人は解雇する。ただそれだけの話だ。そんなに難しい仕事ではない」

それを聞いて、僕は憤慨しました。

「そんなのアンヒューマンだ。解雇された従業員はどうなるのだ？」

僕の言葉を聞いたオスペルは、僕以上に憤慨してまくしたてました。

「ミスターデグチ、アンヒューマンという言葉を取り消してもらいたい。むしろ、私のやろうとしていることこそヒューマンなんだ」

オスペルは、こう続けました。

「為替の責任者が二人いたとすると、二人の能力にはそれほどの差はない。ひょっとしたら僕の好みの問題かもしれない。少し能力の劣る従業員も、経験を積んだすばらしいスタッフで、きっとこれからも為替業務がやりたいはずだ。ミスターデグチの言うように、二人とも残したらどうなる？　会社に残ったとしても、彼は為替業務はできずに慣れない仕事をすることになる。そんなことを彼は望んでいるのだろうか？　今が働き盛りなのに飼い殺しにされて、年をとって朽ち果てていく自分に我慢できるのだろうか？　外に出してやれば、もう一度チャレンジして、自分の好きな仕事をやることができる。彼の人生にとっては、はるかにそのほうがいいんじゃないか。僕は日本企業のように、窓際族《まどぎわぞく》として飼い殺しにするほうがアンヒューマンだと考えている。ミスターデグチ、あなたはヒューマンの言葉を取り違えている。人間は給料をもらえて名刺さえあれば人生が楽しいわけじゃない。自分に向いたやりたい仕事を最前線でやるからこそ楽しいんだ」

オスペルの考えに納得しました。

たしかに、やりたいことがやれず、ただ給料をもらっているだけでは人間がダメになってしまいます。いくつかの日本企業は、解雇ルールが未整備で、解雇が現実には難しいので、従業員を自主的に辞めさせるための「追い出し部屋」のようなものをつくって対応していると報道されました。もしそれが本当なら、追い出すほうも追い出されるほうも、労働の流動化が自由でないことの被害者ではないでしょうか。歪んだ制度は必ず歪んだ現象を生み出します。そこに光を当てないで、かわいそうだ、人権問題だというネガティブキャンペーンだけを展開するのは少々的外れではないでしょうか。

労働の流動化が進まない原因の一つに、社会保険料負担の問題もあると思います。日本では、企業が社会保険料を負担するのは、正社員をはじめとした長時間労働に従事する従業員だけです。ドイツでは、シュレーダー政権が短時間労働にも広げるよう制度改革を行なったと聞きました。企業にとっては、さまざまな形態で働いてくれる労働力を自由に使えることが一番のメリットのはずです。長時間労働者だけではなく、短時間労働者のおかげで企業全体のパフォーマンスが上がっているのは事実なので、その対価として企業が社会保険料を負担するのは理に適《かな》っています。

僕は、パート・アルバイトから正社員に至るまですべての被用者の社会保険料を、一律に企業が負担する社会をつくるべきだと考えます。即《すなわ》ち、少しでも働けば、国民年金から厚生年金の世界に移れるということです。このような措置（適用拡大）を講ずれば、三号被保険者の問題も自《おの》ずと収束に向かっていくでしょう。適用拡大と労働の流動化をセットで整備するのです。

従業員としては、解雇の不安は残ります。しかし、新たな職場でも社会保険料を負担してもらえれば、不安は最小化できるはずです。このシステムが整備されれば、年功序列賃金から同一労働・同一賃金への移行が進み、正社員とパート・アルバイトの区別はなくなるのではないでしょうか。労働者は自分の好きな形態で働くことができるので、真の意味での多様な働き方が実現できると思います。

このような主張をすると、必ず反論が来ます。

「GDPを上げることばかり議論しているじゃないか」

「日本は豊かになったのだから、人口増加や生産性の向上ではなく、国民の幸せを実現するための方法を考えてほしい」

このような考え方は「絵空事」だと思います。

国が若く、右肩上がりで成長している段階であればそれでも構いません。しかし、黙っていても高齢化が進行し、放置しておけば毎年一兆円以上の社会保障費が膨らんでいく日本において、成長を考えなければどうなるか想像できないのでしょうか。

毎年一〇万円ずつ支出が増えることがわかっていたら、家計は節約を考えるか、収入を増やすためのアルバイトをして穴埋めすることを考えます。高齢化で支出が増えることが前もってわかっているのに、放置しておくことができるでしょうか。

日本は豊かになったので、もう成長を考える必要はないと主張する人は、メンテナンスの費用などを一切考慮することなく、今の豊かな社会が維持できると夢を見ているのです。何も手を打たずに今の生活が維持できると考えるのは、絵空事にすぎません。先ほどの家計の例で言えば、支出が増えたのに何もしなければ、欲しいものも買えず、食べたいものも食べられず、満足な教育も受けられないという、まさに貧困生活に陥っていくしかないのです。

僕が生まれたのは三重県の美杉村です。昨年、約一〇年ぶりに祖父母の墓参りをするため美杉村に帰りました。

久しぶりに訪れた美杉村は、人口が減って高齢化と過疎化がさらに進んでいました。足を踏み入れてはじめてわかったのは、シカとイノシシとサルが我が物顔で村中を歩いている事実です。むしろ人間がフェンスの中に追いやられ、そこで細々と農業を営んでいたのです。

とくに、シカの害がひどいそうです。村民は車を運転しているときに道端にシカが出てきたら、アクセルを踏み込むといいます。ハンターに依頼して撃ってもシカが増えるペースのほうが速いので（しかも高齢化でハンターも減少）、自分たちの生活を守るため何とか一頭でも減らしたいと思ってアクセルを踏むのだそうです。都会の人は、この実態を知っているのでしょうか。

「シカがかわいそうだ」

動物愛護団体から苦情が来そうですが、シカを撃つにも、フェンスをつくるにも、それなりのお金がかかります。成長しないとそれすらも捻出《ねんしゅつ》できず、ただ貧しさが進むのを座して待つしかなくなってしまうのです。過疎の村への旅は、日本の未来への旅だと僕は思っています。

日本が採るべき選択肢は二つです。

もうこれ以上成長しなくてもいいと考えるのであれば、貧しくなること、さらに過疎化が進んでいくことを受け入れることです。それが嫌なら、可能な限り手を尽くして成長するための方策を模索することです。

現在の日本は、人類五〇〇〇年の歴史に照らして考えても、かなり住みやすい社会になっていると思います。この素晴らしい社会を維持するためには、高齢化が進む分だけ成長する必要があることを理解すべきです。そういう観点に立てば、両立支援による出生率の向上と女性や高齢者も生き生きと働ける社会を作ること、働き方の改革や労働の流動化などによる生産性の向上は、わが国の喫緊の課題として真剣に考えていかなければならない問題であることは明らかなのです。

日本の未来～考える力を育てる～

戦後のわが国は、キャッチアップ型工場モデルが牽引しました。アメリカのGEやGMが牽引するビジネスモデルを見て、電力・鉄鋼をまず復興し、最終的には電子、電気、自動車産業を興《おこ》せば豊かになれることが戦後の日本人にはわかっていたのです。そのときに必要だったのは、何も考えずに政府の指導のままに黙って働く市民でした。翻《ひるがえ》って今の日本には、もはやモデルがありません。モデルがないなかでは、日本人自らが考えるしかないのです。政府ですら、どこにも真似《まね》するモデルがない課題先進国になったので、自分のアタマで考えなければならないと言っています。

これまでの日本の教育は、何も考えずに黙って働く市民を育てることには役立ってきました。しかしこれからは、自分のアタマで考える人間をつくらなければなりません。そのためには教育を変える必要があります。まず手をつけるべきは大学です。大学が変われば大学を目指す高校も変わり、高校が変われば中学校が変わり、中学校が変われば小学校も変わるはずです。

大学をどのように変えればいいのかは明白です。どのような分野でもいいのでまず学生に必死に勉強させて、そのなかで学生に必死に考えさせる大学をつくるのです。

そのために今すぐやるべきことは、企業の青田買いの廃止です。そして、大学の卒業成績を採用条件にするべきです。企業が変わらなければ、大学は永遠に変わることはありません。ほとんどの学生はいい企業に入るためにいい大学に行くのですから当然です。

僕は、いつも冗談でこんなことを言っています。

「青田買いをやっている企業の人事担当者は、すべて逮捕して牢屋《ろうや》に放り込もう」

これには、一石三鳥の効果があります。まず、学生が勉強するようになります。次に企業の人事担当者はエリートコースなので、彼らがいなくなれば風通しが良くなって若い人にチャンスが生まれます。三つ目は、東京地検もいいことをしたと評判が回復するのではないかということです。冗談ついでに言うと、罪名は「公金横領罪」でいいと思います。

これほど財政が苦しいときに、大学には二兆円もの国費（税金）が注ぎ込まれています。納税者の立場としては、税金を払うのなら未来を担《にな》う大学生に勉強して賢くなってもらい、この国の将来を明るくしてほしいと考えるのが普通です。

ある大学の先生がこんなツイートをしていました。

「企業の人事担当のみなさん、僕の学生をゼミに帰してください。今が最も勉強に大切な時期なのですから」

大学教授をしている僕の友人も憤慨していました。

「真面目《まじめ》な学生が僕のところに来て、ゼミに出られないけれど単位をくださいと言ってきたんだよ。就活を一所懸命やりますからだと」

こんなことを続けていると、学生も企業も共倒れになってしまいます。

大学生にもっともっと勉強させて、大学の国際競争力を上げるためには、企業が一所懸命に勉強した学生のみを高く評価して優先的に採用するという仕組みを作るところから始めなければならないと思います。グローバル企業では学生の採用に当たり、クラブ活動やアルバイトの経験を問うことはまずありません。なぜこの大学、学部を選び、何を勉強し、どのような成績を収めたのかを問うのが普通で、それが世界の常識です。

ちなみに、ライフネット生命の定期採用では、新卒の定義を三〇歳未満だけとして（二〇代は大いに学び大いに迷い抜いてほしい）、難しいテーマを与え、字数無制限の論文を自宅で書いてもらうことを基本としています。自分のアタマで「数字・ファクト・ロジック」を使って考える力をチェックしたいからです。なお、学業を少しでも邪魔しないよう、会社説明会などは原則として行なわないこととしています。

日本の未来〜「中負担」の社会へ〜

わが国のもう一つの大きな課題は、財政再建の問題です。

高度成長期の日本は、政府の奨励もあって家計がひたすら貯蓄に励みました。国はドッジ・ラインによってアメリカから赤字国債の発行を抑制されていたので、収支はトントンです。企業は経済発展のために設備投資を実行し続けなければならないので大赤字でした。つまり、家計に莫大な貯蓄があり、企業は大赤字で、政府はニュートラルという状態だったのです。銀行や保険会社は、家計の貯蓄を企業に貸し付ける役割を担い、すべてがうまく回って高度成長が達成できたのです。

現在の日本は、どのような構造に変化したのでしょうか。

莫大な貯蓄を持っていた家計は、高齢化のために貯蓄の取り崩しが始まり、その額を減らし続けています。このままのペースが続けば、貯蓄率がいずれゼロに近づくのは目に見えています。赤字を抱えていた企業は、バブル崩壊やリーマンショックを乗り越え、大幅な黒字になっています。ただし、政府は「投資をしろ」「給料を増やせ」と圧力をかけているので、これも減少傾向に向かうでしょう。一方、当の政府は膨大な借金を抱えています。

このような状態でも国全体が回っている大きな理由は、経常収支が黒字を維持しているからです。経常収支が黒字のうちは、国債を大量に発行しても、国内で引き受けられるから問題がそれほど表面化しないのです。

ところが、数年前には化石燃料費の高騰《こうとう》などで貿易収支が赤字に陥りました。一時期には、二〇二〇年ごろには経常収支も赤字になると言われたのです。幸い、その後、化石燃料の価格が大幅に下落したので危機は去ったように見えます。しかし、また値上りすればどうなるでしょうか。経常収支が赤字になり、財政赤字が続いている状態。これはまさに、かつて日本がアメリカの状態を口を極めて批難していた「双子《ふたご》の赤字」と同じです。

アメリカは軍事力もあり、ドルという基軸通貨を持っているので、双子の赤字でも十分国を維持することができました。しかし、軍事力もない、基軸通貨も持たない日本が双子の赤字に陥ったら、一体どうなってしまうのでしょうか。そうならないためには、経常収支の黒字が続いているうちに、財政を立て直すしかありません。少なくとも、国債発行に伴う収支を除いたプライマリーバランス（基礎的財政収支）をゼロにするべく、税と社会保障の一体改革を行なうことが必要だと思います。

日本の税と社会保障に関して言えば、現状は「低負担・中給付」です。

現在の中給付は、高齢化の関係で放っておくと毎年一兆円以上は給付が増えていくので、低給付に戻すことはほぼ不可能です。となると、日本が選べる現実的な一つの選択肢は負担を上げて「中負担・中給付」にすることです。「低負担・低給付」という選択肢はもはや選べないのです。

中負担・中給付とは、イメージで言えば消費税率を一五パーセント程度に引き上げ、その代わりに現在の給付を改革して維持することです。

もう一つの選択肢は、消費税率をEU並みの二〇パーセントから二五パーセント程度に引き上げ、社会保障を充実させる「高負担・高給付」という道です。

高負担になれば競争力が低下する。市民のやる気がなくなる。そんなことを言う人がいますが、本当でしょうか。なぜなら、国際競争力の順位では常に「高負担・高給付」の北欧諸国が世界のトップクラスを占めているからです。

要するに、これは「ネット(正味)」の問題なのです。

毎月の収入が五〇万円の人が、税(社会保険料を含む)を三〇万円払ったとします。かなり高額な負担ですが、教育費、医療費がすべて無料で、住宅費もほとんどかからないとしたら、実際の負担は軽いと考えられます。

一方で、同じ月収五〇万円の人が税を一〇万円払ったとしましょう。前者に比べると負担は少ないのですが、教育費が高いうえに塾の費用が加わり、住宅費にかなりの金額を強いられるようでは、可処分所得はほとんど変わりがないかもしれません。

つまり「高負担・高給付」と「中負担・中給付」を比較して、どちらがより競争力が高くなるか、あるいは住みやすいかということはよくわからないのです。「高負担・高給付」が忌避されるのは給付が「見える化」されていないからではないでしょうか。具体的な給付金額と中身が見えるようになれば、それほどアレルギー反応を見せる人もいなくなるのではないかと思います。

日本は、もはやバラ色の未来図を描くことはできません。いずれにしても辛《つら》い選択になりますが、これからの日本を考えるうえでは避けて通れない道なのです。

日本はどんな社会を目指すのか

世界と日本の状況をリアルに踏まえたうえで、日本が目指すべき理想的な社会を考えてみましょう。夢物語と言われるかもしれませんが、十分実現の可能性はあると思います。

第一に、シラク三原則を広く適用し、世界で最も赤ちゃんを産みやすい国をつくることです。これは、少子化の解決策としてもお話ししました。動物である人間にとって最も大事なことは、次の世代を残すことです。安心して子どもを産めることほど、人間にとって幸せなことはありません。女性が一〇〇パーセント自分の意思だけで、そのときの経済状態に関わりなく、いつでも自由に赤ちゃんが産める国。素晴らしいと思いませんか。

幸い、この国は気候も温暖で住みやすく、治安はよく保たれています。人間の生存にとっての必需品である水や食品も安全です。そういう意味では、どんな国よりも赤ちゃんを産みやすい必要条件を備えています。

だとすれば、自分の国が戦争をしていたり、国の貧しさから安心して赤ちゃんを産めない人に日本に来て赤ちゃんを産んでもらうという発想もあっていいと思います。そうすれば人口も増えます。

もちろん、産んだあとに帰国してもらって構わないので、移民という意味ではありません。しかし、長期的に見れば赤ちゃんを産むときに親切にすれば、日本に残ろうと考える人が出てくるかもしれません。そのときは帰国せざるを得なくても、いつかまた日本に来ようと思う人が現れる可能性は十分にあると思います。

第二に、広く機会均等を保障することです。

人間は、チャレンジできるという夢があるからこそ希望を持てるのです。アメリカが魅力的な国であり続けるのは、アメリカンドリームという幻想が今なお生きているからです。ビル・クリントン大統領時代に第一三代アメリカ軍統合参謀本部議長を務めたジョン・シャリカシュヴィリ氏は、ポーランドからの移民でした。シャリカシュヴィリ氏は、何かのインタビューでこんな趣旨の発言をしています。

「ポーランド生まれの私が、一代で参謀本部議長になれる国はアメリカしかない」

だからこそ、世界中の若者がアメリカという国を目指してやってくるのです。

翻って、日本はどうでしょうか。海外で生まれた人が日本に帰化して、自衛隊の統幕議長に就任できる可能性はおそらくゼロではないでしょうか。アメリカンドリームが機会均等という幻想をつくり上げ、そのことがいかに世界中の人間をやる気にさせているかということをもっと考えるべきです。

どこで生まれても、意欲と能力があって、努力さえすればチャンスが平等に用意されている。日本がそんな国になれば、海外から日本を目指す人も増えるでしょう。

第三は、安心して死ねる国をつくることです。

病院のベッドに縛りつけられて死ぬのが嫌な人は、かなりの数にのぼるのではないでしょうか。日本は、自分の家で安心して死ねる国を目指すべきだと思います。自分の思いどおりに死ねる国は、人間味があります。本人が絶対に治療は嫌だから病院に行かないという選択をした場合、家族が他人の目を気にせず、本人の意思を尊重できる社会は素晴らしいと思います。反対に、意識がなくなっても一秒でも長く生きたいという人には、ありったけの医療技術を駆使して延命をはかる。そのような選択の自由がある国を目指すのがいいと思います。

ACPの話をしましたが、「六〇歳になったら年賀状をやめて、毎年遺書（ACP）を書き直そう」とみんなが自然に思えるような社会をつくりたいものです。

前にもお話ししたとおり、今すぐにシラク三原則を始めても、今すぐに大学改革に取り組んでも、簡単に人口が増えるわけではありません。そこで、観光客でも一時滞在者でも構わないので、日本に来てくれる外国人を増やすことが喫緊の課題です。外国人観光客や一時滞在の外国人が恒常的に増えれば、人口が増えたのと同じ効果が生まれます。

タイのバンコクには、届出をした日本人が五万人ほど住んでいます。しかし、日本から常に観光客が訪れるので、バンコクの実際の日本人人口は約一〇万人と言われています。ある試算によれば、フランス並みの割合で外国人観光客が日本を訪れて一週間滞在すれば、人口三〇〇万人程度の大消費都市が新しく誕生するのと同じ経済効果が生まれるといいます。この三〇〇万人という「人口」は、学校も社会保障も必要のない、ただお金を落としてくれるだけの人たちなのです。

人間の歴史を見ると、人が集まり、その次にモノが集まり、やがてお金が集まるという順序で都市が発展してきたことがよくわかります。発展した都市には、やがて情報が集まるようになっていきます。幸いにもわが国は、GDP世界第一位と第二位の大国の間に位置しています。双方からもっと遊びに来てもらうべきではないでしょうか。なにしろ、「世界でご飯がいちばん美味《おい》しい国」と言われているのですから。

あなたがやれることは山ほどある

わが国の社会が抱える大きな構造問題を検証していくと、日本の行く末には真っ暗な闇が広がっているようにも思えてきます。しかし、それと同じ程度の希望もあることを知っておいていただきたいと思います。

女性の社会参画からもわかるように、日本の男女平等の達成レベルは一四四カ国中一一一位です。これがいかに低いかということは、共産党独裁の中国が九九位で、カースト制度が残るインドが八七位という現実を見れば明らかです。

中国やインドよりひどい状態であることは嘆かわしい限りですが、裏を返せば日本の女性が普通に（ＯＥＣＤ諸国の平均程度に）社会進出できるシステムをつくれば、すぐに状況は改善するということでもあります。

安倍首相は二〇一四年のダボス会議で、女性の社会進出を促進すれば、日本のＧＤＰを一六パーセント伸ばすことも可能だと発言しました。安倍首相の意見は楽観的すぎるとしても、一〇パーセント成長は十分可能だという試算もあります。

現在の日本は鎖国状態と言っても過言ではないのです。

女性の社会参画は世界最低レベル、移民を受け入れず、優秀な留学生があまり来ない国。しかも海外企業の対日投資もほとんどありません。観光客が増えたとはいえ、二四〇〇万人を突破した程度でしかなく、人口以上の観光客が訪れるフランスなどの観光先進国とは比較になりません。この鎖国状態を打ち破れば、いくらでも未来は開けてきそうな予感がします。働き方の改革や労働の流動化も手つかずの状態ですから、大胆な構造改革を推し進めれば、伸び代《しろ》が大きい分だけ日本の将来は明るいのです。

世界で最も成長率が高いのは中国を中心とする東アジアです。そこに最も近い先進国であることは、大きなアドバンテージとなるはずです。近所にこれから金儲《かねもう》けしてやろうという血気盛んな若者が大勢いるのですから、経験を積んだおじさん、おばさんとして上手にアドバイスをしながらお金儲けを考えればいいのです。

隣国との関係は重要です。

日本はロシア、北朝鮮、韓国、中国、台湾と、周囲にあるすべての国と領土問題を抱えています。世界史的な視点で見れば、これはかなり異常な状態です。郊外の一戸建てを買ったとして、隣近所すべてと境界争いをしていたら、毎日家に帰るのが嫌になるはずです。それを打開するためには、少なくともそのうちの一軒か二軒とは、好き嫌いを離れて、普通の近所付き合いをしようと考えるのが普通の人間です。日本はそうした外交努力をもっと重ねるべきです。

冷静に見れば、日本にはやるべきことが山ほどあります。それさえやれば、将来に何の心配もない国だとも言えそうです。五〇代が起業するときの「種」や「ヒント」は、この国のあちらこちらに転がっているのです。日本の課題から考えを深めることでも、日本が手つかずで放置している方策を詰めることでもアプローチできるはずです。

僕は、農業が最高の起業の種の一つだと思っています。

農業にとっての最低条件は、豊富な水があることです。世界には水が少ないので、地下に井戸を掘るなどあらゆる手段を駆使して水を手に入れています。わが国は、雨がよく降るので水には困りません。しかも、減反という愚かな政策が続いたおかげで、農地も余っています。日本の国土は一見狭いように見えますが、農地はいくらでもあるのです。

世界第二位の農業輸出国はネーデルランドで、輸出額は九兆円程度です（日本は七〇〇〇億円）。日本の国土の一〇パーセント程度の小さな国でも、アメリカに次いで二番目に農業で儲けているのです。日本がネーデルランドに勝てない理由はどこにもありません。やり方次第では、日本も農業で世界第二位ぐらいの稼ぎが期待できるはずです。また海洋面積では、日本は世界第六位の大国でもあるのです。決して小さな国ではありません。

世界の大きな趨勢《すうせい》と、日本の課題。これからの日本が目指すべき大きな絵を、あなたなりに描いてみてください。どんなビジネスに将来性があるか。そのビジネスと五〇代の自分が今までやってきたことをつなぎ合わせれば、あなた独自のユニークな絵が描けるのではないでしょうか。

「5年後、あなたはどこにいるのだろう?」

こんなフレーズから始まる『5（ファイブ）』（海と月社）という本があります。この本の最後のページには、とても刺激的な言葉が書かれています。

「今のあなたが、残りの人生でいちばん若い」

本書をここまで読んでいただいたあなたにお伝えしたいことがあります。残りの人生のなかで今のあなたがいちばん若いのですから、先延ばしの人生は今日で終わりにして、明日から行動プランを書き始めてください。

五〇代のあなた。

これから五〇代を迎えるあなた。

五〇代を過ぎてしまったあなた。

誰だって、いつでも、何にでもチャレンジできることを忘れないでください。

「今のあなたがいちばん若い」のですから。

終章　世界経営計画のサブシステムを担って生きる

「衣食足りて礼節を知る」

人間は着る物がなく、ご飯が食べられず、安心して眠れる場所がないと、仕事もできなければパートナーを見つけることもできません。人間の人生では、衣食住が足りることが大前提になっています。大人になるということは、自分の力で衣食住を確保することであって、これを「自立」と呼んでいます。しかし、衣食住が満たされれば人間は満足するのでしょうか。

「人はパンのみにて生くるものにあらず」

この聖書の言葉は、人間は衣食住が足りただけでは満足しない動物であることを表現しています。衣食住が足りることが日常生活の必要条件だとしたら、パンのみではない生きがいを持つことが十分条件です。もちろん、必要条件のほうが大事であることは厳然たる事実です。それでも人間は、必要条件が満たされても、十分条件が満たされないと満足できない動物なのです。

僕は「人はパンのみにて生くるものにあらず」という言葉を、別の言葉で解釈するようにしています。それが「世界経営計画のサブシステムを担《にな》う」ということです。人間は、職場であれ地域であれ、自分の周囲の世界を理解して生きています。しかしながら人間には向上心があるので、誰一人として、現在の状況に一〇〇パーセント満足している人はいないと思うのです。

今より世界をもっとよくしたい。

何かを変えたい。

こう考えるのは、人間の自然な性《さが》だと思います。周囲の世界を理解して、今よりもっとよくしたい、何かを変えたいと考えることは、言い方を変えれば次のようになります。

「すべての人間は、自分の周囲の世界を経営して、自分が思うように世界を変えてみたいという世界経営計画を持っている」

世界を変えたいと思ったときに瞬時に変えられる存在があります。アラジンの魔法のランプの精や神さまがそうです。物わかりの悪い上司がいて、もう少し部下の話を聞く上司になってほしいと思ったとしましょう。ランプの精や神さまであれば、思った瞬間から物わかりのよい上司に変貌《へんぼう》するでしょう。このように、世界経営計画を自分の力だけで瞬時に成し遂げることができる存在であれば世界経営計画のメインシステムを担うことができます。

しかし、これはランプの精や神さまにしかできない芸当です。メインシステムを人間が担うことはできません。人間にできるのは、自分なりの世界経営計画を考え、その計画を遂行するうえで自分が現在のポジションで何ができるかを不断に問い続けること、即《すなわ》ちサブシステムを担うことだけです。自分の周囲の世界をどのように理解し、何をどう変えたいと思い、自分は今のポジションで何を担って生きていくのか。それが人間のとるべき生き方であり、働く意味なのです。

僕の育った田舎に、毎朝、道を掃除しているおばさんがいました。村中の道を掃除することはできないので、おばさんは向こう三軒両隣の道を掃いていました。このおばさんも、世界経営計画のサブシステムを担うという図式にピタリと当てはまるのです。

おばさんはきっと自分の周囲の世界を見て、道が汚れているのは嫌だと考えたのでしょう。きれいな道のまま自分の子どもに残したいと思ったのかもしれません。でも、ほかにもやることがあって忙しく、高齢の女性なので大した力もありません。そこで自分の今のポジションでできることとして考えついたのが、毎朝向こう三軒両隣をきれいにすることだったのです。小さなことですが、これもれっきとした世界経営計画のサブシステムを担う行為です。

僕がライフネット生命を起業したのも、世界経営計画のサブシステムを担うという考え方に従っただけのことです。

生命保険は、みなさんの財布からお金をいただく仕事です。長年、生命保険は住宅ローンの次に高い買い物だと言われてきました。気になって国民の所得を調べたら、この一五年で一五パーセント程度減少していることがわかったのです。フリーターやニートが原因だとは思いますが、とくに若い世代は減り方が激しく、二〇代では共働き二人合わせて年収三〇〇万円ちょっとという低いレベルでした。このように世界を理解したとき、僕はこう思いました。

このままでは日本が滅びてしまう。

これでは赤ちゃんを産むこともできないし、結婚もできない。

僕は、こんな世界は嫌だと思いました。変えたいと考えました。僕にできることはいったい何かと探し続けました。僕は生命保険しか知りません。生命保険でできることを考えたところ、インターネットで生命保険を売ることを思いついたのです。そしてそのミッションは、保険料を半分にして安心して赤ちゃんを産んでほしいというものでした。

僕は、「世界経営計画のサブシステムを担う」という言葉がとても気に入っています。それは「世界」という言葉に広がりが感じられるからです。

世界は、家族から始めてもいいですし、職場から始めてもいいと思います。家族から始めた人の関心が地域に広がったり、職場から始めた人の興味が企業全体に広がったり、それがやがて日本へ、世界へ、地球へと広がっていく可能性があるのです。自分の関心や興味の持ち方によって、その人なりの世界が広がっていく。その広がりは無限で、閉じられた概念ではありません。

広がりを持たせるためには、まず自分の「コア」が大事になります。自分の働いているところであり、自分の住んでいるところであり、そこを離れては生きていけないところのことをコアと考えます。

自分のコアから世界を広げる方法は、それぞれ自由でいいと思います。

順序よく外へ外へと広げていっても、一気に飛んでもいいと思います。順序よく広げていくのは、儒教の基本的政治観である「修身斉家治国平天下」とよく似ています。まず自分の身を修め、家を斉《ととの》え、それから天下を治めるという発想です。しかし、その人の興味、関心の持ち方によっては、職場のことから地球レベルの話に一足飛びに飛んでもいいと思います。

べつに広げる必要などないのかもしれません。一生、自分の地域だけでもいい。生涯家の前の道を掃き続けるおばさんも、それはそれでとても立派なことだと思います。広げることばかりがいいとは限らないので、その人が本当にやりたいことをやって人生を精一杯生きればそれで十分だと思います。

本当に自分自身が得心して、腹に落ちた通りに仕事をして、人生を生き、あとは普通にごはんが食べられ、共に語り合うことのできるパートナーや友だちがいれば、それこそ最高の人生ではないでしょうか。

五〇代での起業を勧めました。

ベンチャーは「強い思い」と「算数」という話もしました。

その「強い思い」というのが「世界経営計画のサブシステムを担う」ことなのです。世界はこうなっていて、そのなかのどこが嫌で、その嫌なことを変えるために自分は何ができるのかということを整理すれば「強い思い」を描き出せると思います。

周囲の世界をよく見たうえで、何かを変えたいと強い欲求を覚えることは、世界を自分の思うとおりに経営したいという感覚を持っていることに他なりません。

問題は、人間は感情の動物であるため、見たいものしか見ない傾向があることです。都合のいいものだけをとらえて世界を解釈してしまうと、本当の世界経営計画がつくれません。よく考えたつもりでも、本当に自分の納得するものはできないと思います。周囲の世界を正しくとらえるためには、少なくとも次の二つを実行する必要がありま す。

タテ・ヨコ思考。即ち時間軸と空間軸を広げること。

国語ではなく、算数で考えること。即ち検証可能な「数字・ファクト・ロジック」でフェアに考えること。

現在の世界は、歴史上に存在した無数の先達の、無数の「世界経営計画のサブシステム」が重なり合った結果、できた産物です。これから先に続いていく世界も、無数の人の無数の「世界経営計画のサブシステム」でつくられていくでしょう。

それぞれの人が、それぞれの世界経営計画を見つけ、そのサブシステムを一所懸命に担っていく。それが、次世代のために生きるという、人間本来の役割を担うことにほかならないのです。

あとがき

二〇〇八年に還暦を超えてライフネット生命を開業したとき、いちばんの懸念《けねん》は、日本で七四年ぶりの独立系生保として誕生したこの新しい会社の認知度や信頼度を、どうやって高めていくかという点にありました。いろいろな先輩に教えを乞《こ》いましたが、腹に落ちたのは、澤上篤人《さわかみあつと》さん（当時、さわかみ投信社長）の次の言葉でした。

「機会があれば本を書き、僕のように年間三〇〇回ぐらい辻《つじ》説法をやる。それを最初の一〇年続ければ何とかなるよ」

そこで、開業以来澤上さんを目標に本を書いたり、「一〇人以上集まれば、どこにでも行きます」と講演（社内では「行脚《あんぎや》」と呼んでいます）を引き受けるなど、試行錯誤を繰り返してきました。

開業後八年が経過し、当時二社だけだったネット生保も、今や一〇社が参入するまでになりました。ライフネット生命はそのなかではトップランナーといわれていますが、まだトップラインン（売上）は約一〇〇億円しかありません。生命保険業界の売り上げは優に四〇兆円を超えますから、マーケットシェアはわずかに〇・〇二％ちょっとです。平たく言えば、ライフネット生命はまだベンチャー生保としては nothing の状態で、これを something に持っていくのが経営者である僕の役割です。マラソンに例えれば、四〇〇メートルのトラックを何とか走り終えて競技場の外に出たくらいの状態です。僕はまだ一人前の経営者ではなく、一人のチャレンジャーにすぎないと思っています。

新潮社の内山淳介さんから本書の出版のお話をいただいたとき、脳裏に浮かんだのは行脚でお会いした何人ものシニアの方の顔でした。みなさんが僕の起業の話を聞かれて「元気が出ました。僕も起業にチャレンジしてみます」と言ってくださったのです。なかには僕より高齢の方もおられました。僕のつたない体験談でも少しはみなさんのお役に立てるかもしれない、そう思ってお引き受けすることにしました。

内山さんはライフネット生命の経営で多忙な僕のために、新田《にった》匡央《まさお》さんという素晴しいプロのライターの方を引き合わせてくださいました。こうして二〇一三年の初秋に取材が始まり、ほぼ一年を費やして本書ができ上がりました（二〇一四年九月刊）。すべてはお二人のおかげです。厚くお礼を申し上げたいと思います。なお、文庫で出版するに際して少し手を入れました。

本文にも書きましたが、人間は次の世代にバトンタッチをするために生きています。消費税の引き上げに際して「官僚が埋蔵金を隠している。それを掘り出せば消費税は上げなくて済む」という話を聞いて心底腹が立ちました。

今年六九歳になる僕には孫が二人いますが、その顔を見るたび、一〇〇〇兆円を超える借金だけを残して死ねるのかと自問しています。仮に埋蔵金があるのなら、土をかけてそれを必死で隠すのが僕たちの世代の責務ではないでしょうか。その思いを読者のみなさまに共有していただければ、著者としてこれ以上嬉《うれ》しいことはありません。読者のみなさまのご感想やご意見をお待ちしています。

宛先《あてさき》：hal.deguchi.d@gmail.com

二〇一七年二月

ライフネット生命保険株式会社代表取締役会長　出口治明

文庫特別対談

「年齢フリー社会」の仕事と働き方

朝井リョウ
小説家

出口治明
ライフネット生命 会長

出口　朝井さんはいま二十代ですね。僕の二十代は、司法試験に落ちてしまって他に行くところがなくて、やむなく日本生命に入るところから始まったんです。ただ、サラリーマンがどういうものかはわかっていました。お金をもらってその対価として働く、ということですよね。僕は腹に落ちないとやる気が出ないタイプなので、この仕事は何のためにやるんですか、会社にとってどんな意義があるんですかって、上司にしつこいくらい聞いていました。

朝井　腹に落としてからやる気を出すって、体力を使うやり方だと思うんです。それって毎回「きちんと思考する」っていうことですよね。必要以上に疲れてしまわないよう思考停止して仕事に臨むという話は聞いたことがありますが、出口さんはやはり二十代のころから仕事に誠実に向き合う方だったんですね。

出口　僕は面白おかしく仕事をしたいという気持ちが強いので、目的がわかれば自分なりに楽しんでやれる。言われたままにやっていると楽しめない。だから誠実というより、楽しく自分なりに仕事をアレンジしたいというだけなんです。上司から怒られましたけれど。何でいつも、「何で何で何で」と聞くんだって（笑）。

朝井　確かに、「この日までにこれをやってね」というような指示と、「今こういう目的で、こういう大きなプロジェクトが動いていて、そのうちの一つとしてこういうことをやるから、君はこの日までにこの部分をやってくれ」という指示では、取りかかる気持ちが全然違います。後者ならば、こういうこともやったほうがいいかなと言われたこと以外の部分に気が回ったり、期日より早く仕上げようという気持ちも芽生えます。

出口　僕は三十代になって部下ができて、十五人ぐらいいたので、うれしくなってがんがん指示を出していたんです。ちょっと思いついたことでも何でも。でも、そんなに指示を出したら忘れるじゃないですか。

朝井　忘れるなんて、そんな（笑）。

出口　だから大きい卓上カレンダーにメモしていたんです。頼んだ仕事を、小さい字で。それで当時はＭＯＦ担（金融機関などの大蔵省担当者）をやっていたんですが、大蔵省から会社に戻ってきたら、部下が消しているんですよ、消しゴムで。

朝井　えっ、すごい方ですね、その部下。

出口　それで、おまえ何してるのやって聞いたら、あんまりたくさん指示がくるんで、うっとうしいから消してるんですって言われました。

朝井　登場人物全員にパンチが効いていますね（笑）。

出口　それで僕、怒ったんですよ、おまえ、仕事をなめてるのかと。そしたら、僕たちもばかじゃないので大事なことはちゃんとやってますよって言うんです。この半年ぐらいあんまりうっとうしいのでちょこちょこ消してましたけど、気がついていないでしょう、困ったこともないでしょうと。言われてみたらそのとおりなので、そうやなと（笑）。

仕事が人生のすべてではない

朝井　上司と部下の会話としてはすごく率直ですね。今は、思っていることが言えない関係性というのが普通のような気がするので、驚きました。

出口　でも、時間がたつと忘れるじゃないですか、人間って。だから、思ったら言っちゃう。

朝井　自分の経験と照らし合わせると、なかなかできなかったような気がします。この件に関しては絶対に自分のほうが正しいのにと思ってもなかなか言えないという話はよく聞きますし。

出口　一年が何時間かご存じですか？　八千七百六十時間です。僕、単純なので一回計算したんですよ。で、労働時間って、八千七百六十分の二千くらい。

朝井　三〇％もいかないわけですよね。

出口　食べて、寝て、遊んで、子供育ててという時間のほうが多いわけです。

朝井　「ワーク・ライフ・バランス」という言葉が間違いだと。

出口　そう、三割に過ぎないワークが先にくるのが変なんです。「ライフ・ワーク・バランス」が正しいと思う。僕は単純に、七・三くらいがいいと言っています。物事って大体七割とれればオーケーでしょう。選挙でも圧勝だし。ということは、三割はどうでもいいことで、仕事なんてどうでもええんやということが腹に落ちたら、言いたいことを言って嫌われたり、左遷《させん》されたり、ぎくしゃくしても気にならないと思うんです。仕事がすべてやとか、所属してる会社がすべてやとか思っていると、阿呆《あほ》なこと言って嫌われたらどうしようとか、変に思い悩んだりしてしまうのです。

朝井　同じ世代の友達と話していると、二十代ということもあるかもしれませんが、僕も含めてワークの比率がすごく高い印象を受けます。仕事でうまくいかないということはもう、自分の人生がうまくいかないことと同義という感覚がすごく強いです。人格と、仕事の出来不出来を重ねて考えてしまうというか。生きがいをそこに託し過ぎてしまうんです。このまま家庭を持ったとしても、その考え方は簡単には変えられないだろうな、と。僕は偶然、今は小説を書く仕事に就いているんですけれど、会社員としての人生しかなかったら、よりそういう考え方が強くなっていたように思います。

日本には伸びしろしかない

出口　僕、若い働き盛りの皆さんは「楽勝」だと思ってるんですよ。

朝井　楽勝？　というのは？

出口　働く人にとって一番悲惨な状況が何かというと労働力過多の社会です。いまは歴史的に見ると「ユース・バルジ」（Youth Bulge、人口ピラミッドで若年層が膨張している状態）じゃないんですよ。若い人がいっぱいいると仕事がなくなります。仕事がないとデートもできないから、イライラしてテロとか破壊に走るわけです。日本はユース・バルジの真逆なんですよ。ユース・バルジの逆を何と言うのかわかりませんが。そのうち誰かに調べてもらおうと思ってるんだけど、今はたくさん部下がいないので（笑）。

朝井　この頻度で頼みごとをしていると卓上カレンダーの文字は消されそうですね（笑）。

出口　僕ら団塊世代二百数十万人が毎年消えて、新社会人は百万人くらいなので、誰がどう計算しても労働力が足りなくなるんです。だから上司と喧嘩《けんか》して馘首《くび》になっても、絶対に飢え死にしません。

朝井　なるほど。

出口　質の面で見ても日本はやりがいがあるんです。日本生産性本部のホームページを見ると、日本の労働生産性はG７のなかで二十四年間連続最下位という世界新記録を更新中なんです。ということは、質の面では伸びしろが山ほどあるということです。湯かげんとしてはこんないい湯かげんはない。いくらでも上に上がれる。女性の社会的地位でいうとジェンダーギャップ指数で日本は百四十四国中の百十一位です。これも伸びしろが山ほどある。伸びしろしかないといってもいい。

朝井　インドとかよりも低いんですよね。

出口　はい。カーストがあるインドや、中国よりもひどいわけですから。そう考えると、楽しくなってきませんか。

朝井　楽しめる余白がまだまだあるということですね。

社会保障の問題設定

出口　若い皆さんが一番ブルーになるのは社会保障の問題だと思います。少子高齢化が進んだら、年金とか医療の負担が若い私たちにかかってくるんじゃないかということですが、これも全然心配ないんですね。講演会なんかでよく、「おじいさん、おばあさんを大事にしたいと思ってる人、手を挙げて下さい」って言うんです。そうすると、みんな挙げますね。で、いま平均寿命が八十三・七歳ぐらいで、高齢者に七十歳まで働いてもらうとしても、みんな人生の中で十四年ぐらいは高齢者を肩車しなきゃいけないということです。いまの制度が完成した一九六一年には、十一人のおみこし一つで、サッカーチームで一人の高齢者を支えていました。二〇〇五年前後に騎馬戦が崩れた。で、今は一・三人で一人を担《かつ》ぐ肩車社会に向かっています。「大好きなおじいさん、おばあさんを十四年ぐらい肩車してもいいという人、手を挙げて」って言うと、誰も挙げません。これが何を意味しているかというと、敬老原則が壊れたということです。敬老原則が壊れると、社会は年齢フリー社会になります。おじいさん、おばあさんも歩ける間は自分で歩いてよということですね。そのように考えると、社会保障のベースは消費税しかない。そして困っている人に給付を集中しようと思ったらマイナンバーしかない。資産とか所得がわからないと配れない。少子高齢化って「所得税と住民票」の世界から「消費税とマイナンバー」の世界に社会のインフラが変化する現象なんです。

朝井　なるほど。高齢者だからといって大目に見るのではなくて……。

出口　見ない。元気だったら歩く、お金があったら払ってよ、そういう年齢フリー社会にすればいいんです。そうなれば麻生さんとか鳩山さんはきっとお金持ちだからちょっと年金やめとこかということができるわけです。

朝井　でもこれから敬老されるであろう人の中には、嫌だなぁと思う人もいっぱいいそうですよね。

出口　それは問題設定が悪いと思うんです。寝たきり老人って日本しかいないってご存じですか。何で日本で高齢者が寝たきりになるかといえば、楽させるからなんです。スウェーデンだったかデンマークだったか、あるとき高齢者ホームを訪ねたんです。二階は個室、一階は共有のリビングとかダイニングになっていて、職員が朝おじいさん、おばあさんを起こしに行くと、鍵《かぎ》をかけるんですよ、個室に。そうするとおじいさん、おばあさんは、晩ご飯を食べ終わるまで自分の部屋に帰れない。ロビーやリビングで活動するしかない。誰かと話すとか、散歩するとか、街に出るしかない。

朝井　心身ともに動かすしかないわけですね。

出口　そうです。そして医者は健康寿命を延ばすには働くことが一番だと言っています。だったら定年を廃止すればいい。そして高齢者に聞けばいいんです。寝たきりになりたいですかって。元気で働いて、いろんな人と触れ合うのとどっちがいいですかって。そうすると、ほとんどの人は寝たきりは嫌だと答えるんじゃないかなと思います。

朝井　本文中にあった、おとなしく地方に引っ越して畑を耕すのではなく狭い部屋でもいいから繁華街に部屋を借りて過ごしたいという記述には驚きました。雑誌などでよく見る、リタイア後は地方や離島でのんびり好きなことを、みたいな記事に価値観を刷り込まれていたな、と。やはり、心身ともに自分の輪郭線を把握し続けるためには外の世界との摩擦が必要ですよね。高齢者だからといって、それを勝手に奪う権利は誰にもないですよね。

小説家の「働き方」

朝井　僕は大学時代に、文壇というある種の年齢フリー社会というか、いい作品さえ書けばオーケーみたいなところにいさせてもらえてからの会社員だったので、「ん？このしきたりは何？」と思うことが幾つかありました。それは就活生のときに会社を外から見ているだけでは全くわからないことだったので、カルチャーショックではありました。非効率だなと思うことがあったので言ってみたことがあったんですけど、これまで通りのやり方を貫くほうがいろんな意味でラクでした。また、就活のとき、いろんな会社のホームページでよく見かけたのは、即戦力とか、クリエーティブな力とか、ゼロから一を生み出す能力を求めてますよーという言葉でした。いろんな企業が無の部分から有を生み出せるような人材を求めてますって見えたんですけれど、いざ会社に入って思ったのは……。

出口 うそやなってこと（笑）。

朝井 例えば前年度の実績をもとに改善点を見つける力というか、1を1.1にする力のほうが組織を円滑に回す気がしました。0を1にする力って、ある意味、組織に一石を投じることでもあるんですよね。それよりも、0.1変えるためにもろもろ調整する力が大切というか。

出口 でも、これからは調整だけでは経済は成長しません。

朝井 現状を維持していく上では、調整力というのがイコール仕事ができる力だと思われているんだなということを、たった三年間ですけど、なんとなく感じました。全員がクリエーティブな力を求められているわけではないという発見は、こんな僕でも会社員ができるかもしれないという気づきでもあり、喜びにほんの少しの絶望が混ざった感覚でした。

出口 朝井さんはその後に小説家に専業されることになったわけですが、どのように目標を立てるのですか？

朝井　もちろん賞や発行部数などわかりやすく言語化できる目標はあったりしますが、それは本質的にはどうでもいいんです。直木賞を受賞されて次の目標は、みたいに聞かれることも多いんですけど、小説にはその良さを測る確固たる物差しがないので、賞をいただいた次の日にアマゾンで最低評価を下されれば、どちらの評価が重い・軽いということはなく、きちんと打ちのめされます。今の僕は、すごく単純に、小説が上手に書けるようになりたいんですよ。本当に、上手に書けるようになりたい。文章のレベルが全く違うなという小説に出会うたび、まず技術の面でそこまで到達したいという思いがすごく強くなります。

出口　僕は朝井さんの文章はめちゃお上手だと思ってますが。

朝井　いやー、もう、全然だめなんですよね……。書ける感情の引き出しは追いつかなくとも、文章力という点だけでいいから、堀江敏幸さんのように書いてみたいんです(笑)。堀江さんは、何にも起きてないシーンをただ文章で書いたとしても、それが「作品」になる稀有《けう》な方なんです。そういう「魔法使い」みたいな作家になりたいです。とんでもないペースで人気作を生み出している漫画家の東村アキコさんが「私は魔法使いになりたい」とおっしゃっていて。紙の上でサッとペンを動かしたら漫画が完成している、それくらいの域に到達したいと。ものすごく共感したんです。

堀江敏幸さんは、原稿用紙の上にペン先を掲げたら、そこから勝手に文字が降り注ぐんじゃないかなって。そんな風になりたいっていうのが目標なんですけど、現実はそんなわけないですし、やはりそもそも目標を立てにくい仕事ですね。僕の場合は、書きたいものを書けたかということが最も大切なので、何万部売れたとか、これだけの評価が得られたとか、こういう賞をもらったというのはもちろん嬉《うれ》しいことではありますが、やっぱり些末《さまつ》なことなんです。もっと言ってしまえば、今つらい立場の人を救いたいから書いた、だからそういう人に届いたから満足、みたいなこともないんです。本で誰かを救おうとか思ったことがなくて、つまり読者がどうこうというよりは書きたいものを書きたい、自分の力を伸ばしたいという思いだけでずっとやっています。

出口　僕が大好きな学者の先生がいて、小坂井《こざかい》敏晶《としあき》さんっていうパリ大学の先生ですけれど、何のために学問をやるかといえば、真理を究めたいとか、そんなものは何にもないんだとおっしゃっているんですよ。好きだからやっているだけだって。

朝井　わかります。でもそれって大きな声では言いにくいんです（笑）。「誰かを救いたくて書いた」って言う小説家を見ると「ん〜〜？」みたいな顔しちゃうんですよ。でも、そっちのほうが理念を持っているように見えるじゃないですか。心が負けそうになるときがあります。

出口　書きたいものとかやりたいことをやって、それで生み出したものは生み出された瞬間に朝井さんの手を離れるので、それを読んだ人が何やこれはって星一つつけたり、賞を与えたり、あるいは勇気づけられたり、それはもう朝井さんから離れた話ですよ。

朝井　そうなんです。ただ一つ気になることがあって……人はいつまで自分のためだけに頑張れるんでしょうか。

出口　頑張れなくなったらやめたらいいだけなので、悩んでもしょうがない……いや、こんなこと言ってはだめかな（笑）。

朝井　僕はライフ・ワーク・バランスという考え方がすごい薄い人間で、仕事と人格をすぐ重ねちゃうタイプなので、やめたらもう、死んじゃうと思ってるところがあるんですよ、割と本気で。

出口　その気持ちがあったら、絶対永続しますよ。

朝井　だといいなと思っています。ほんとに、そうだといいな。僕がどこかで、人のためにとか言い出したら、頬をたたいてほしいです（笑）。簡単な道に逃げやがってと叱《しか》って下さい。

悲観論は敗北する

朝井　出口さんはどうすれば楽しくなるかなとか、面白くなるかなという風に、思考の方法がすごくポジティブです。
出口　歴史を見ていると、悲観論は今までのところ全敗しているんですよ。
朝井　全敗ですか⁉　どちらかというと悲観論者の私にはつらい事実です。
出口　僕が中学生のときに、石油はもってあと二十年、三十年やと言われていたんです。子供心に、三十年後は石炭の世界に戻るんやろうかと思ったものですけれど、今六十八歳になって、石油はあと五十年持つと言われています。もちろんどこかに限界はあるんですけれど、今日、今までのところは、地球の資源がなくなるでとか、人口が増え過ぎて終わりやで、とかいう悲観論は全敗している。僕の本来の性格もあるんですけれど、そういうファクトを知っていると、ついつい楽観的になってしまう(笑)。
朝井　僕の世代は、物事を長期的な目線で判断するという能力が劣っているような気がします。今、人間は待つという感情が一番失われているって聞いたことがあって。とにかく待てなくなっているらしいんです。電波状況が悪くてなかなかネットにアクセスできない、もう無理！　みたいな。仕事でも週ごとのノルマがあったり、すごく短期的な目標をばしばし達成しなければならない。作家も、新作を一年出さなかったら忘れられちゃうよと脅されたりします。でも人生って、点じゃなくて線ですよね。このことは最近、特に実感しています。

出口　物事の判断って、時間軸をどこに置くかで答えが変わってくると思うんです。一年で判断するか、十年で判断するかで変わってくる。

朝井　出口さんぐらい長い時間軸の思考を持ち合わせている方って少ないんじゃないですか。

出口　そんなことないですよ。いっぱいいます。ローマ皇帝のアウグストゥスって割とゆっくりした人なのに、「ゆっくり急げ」と書いて壁に貼《は》っていたそうです。そういうのを読んでいると、やっぱりもっとゆっくりせなあかんなと。

朝井　ほかにもいっぱいいますよ、という例がアウグストゥスだったので驚きました（笑）。w-inds.という男性のダンス&ボーカルユニットがいるんですが、デビュー当時、メインヴォーカルの音域がすごく広いということで話題になったんです。それは彼が声変わりをしていなかったという要素が大きかったんですが、デビューしてから何曲か、とても話題になったんです。ただボーカルの方が声変わりを迎え、音域がそれまでよりも狭まったとき、やはりインパクトが薄れてしまったんですね。それから何年もデビュー当時の盛り上がりからは遠ざかっていたのですが、最近公開した音源が、音楽を仕事にしているプロの間でとんでもなく評価されていて。なんと、音域の広さが売りだったボーカルの彼が、今や作詞も作曲も編曲もダンスの振りつけも行っているんです。それが全《すべ》てハイレベルで、とにかく絶賛の嵐《あらし》なんです。その現象に触れて、本を一年間出せていないだけで焦《あせ》るって、人生を点として捉《とら》えすぎていたなって思ったんです。人目につかなくても、実はすごく重要な筋肉を鍛えている期間ってありますよね。生産者も消費者も待てなくなっている現代、ガンガン作品を出さないと、と思いがちですけど、w-inds. の復活で思うことがたくさんありました。物をつくる人にとって最も重要な時間って、誰の目にも触れていない時間なんですよね。以前は書店に行くと、「あ、またあの人、新しい本が出てる」って焦ってしまって、あげく過呼吸みたいになっていたんですが（笑）、今なら新刊台を見ても大丈夫かもしれない。誰の目にも触れていない、人によっては低迷期だって思われているような時間に、創作者はじっくりと筋トレをしている。音楽家だったら音を表現する力を、作家だったら物語を綴《つづ》る力を鍛えている。自分はこれまでドーピングを重ねてどうにか短距離走を繰り返していた気がします。人目に触れて、低迷期じゃないよ！　って喧《けん》伝《でん》していないと気が済まなかった。だけどその走り方は続かないなというのは最近やっと実感してきました。デビューがとても早かったw-inds.は、どこかで長距離走をやりおおせるためのトレーニングを学んだんでしょうね。

出口　作家の筋トレというのは難しそうですよね。

朝井　そこはやはり、まずは量を書くことが大事な気がしています。それで培《つちか》われる能力は必ずあるだろうなと思います。ただ、文章を書いているって、他人から見たら働いているように見えないかもしれないけれど、そういう視線にも負けないような心を持ちたいです。僕は仕事＝人格と考えるくせがあるので、すぐに自分の仕事の社会的意義を見出《みいだ》そうとしてしまうんです。それを見出せてこそ社会で呼吸ができるというか。東日本大震災以降は特に本の社会的意義を考え始めると頭がパンクしそうになるのですが、最近はもっとミクロに考えることを学びました。この本を出す社会的意義はわからないけれど、少なくとも今年のノルマを一冊分こなせる編集者がいる、出版社との取引が繋《つな》がる印刷会社の人がいる、というように。そうして得た免罪符は、僕を悲観論者から楽観論者にギリギリ変えてくれます。今日出口さんから伺ったお話も、自分を楽観論者に変えるエンジンとして背中に積ませていただきます！

（「新潮45」二〇一七年四月号より転載）

ライフネットの生命保険マニフェスト

第1章　私たちの行動指針

1　私たちは、生命保険を原点に戻す。生命保険は生活者の「ころばぬ先の杖《つえ》が欲しい」という希望から生れてきたもので、生命保険会社という、制度が先にあったのではないという、原点に。

2　一人一人のお客さまの、利益と利便性を最優先させる。私たちもお客さまも、同じ生活者であることを忘れない。

3　私たちは、自分たちの友人や家族に自信をもってすすめられる商品しか作らない、売らない。

4　顔の見える会社にする。経営情報も、商品情報も、職場も、すべてウェブサイトで公開する。

5　私たちの会社は、学歴フリー、年齢フリー、国籍フリーで人材を採用する。そして子育てを重視する会社にしていく。働くひとがすべての束縛からフリーであることが、ヒューマンな生命保険サービスにつながると確信する。

6　私たちは、個人情報の保護をはじめとしてコンプライアンスを遵守《じゅんしゅ》し、よき地球市民であることを誓う。あくまでも誠実に行動し、倫理を大切にする。

第2章　生命保険を、もっと、わかりやすく

1　初めてのひとが、私たちのウェブサイトを見れば理解できるような、簡単な商品構成とする。例えば、最初は、複雑な仕組みの「特約」を捨て、「単品」のみにした。

2　お客さまが、自分に合った商品を自分の判断で、納得して買えるようにしたい。そのための情報はすべて開示する。

例えば、私たちの最初の商品は、生命保険が生れた時代の商品のように、内容がシンプルで、コストも安く作られている。そのかわり、配当や解約返戻金《へんれいきん》や特約はない。保険料の支払いも月払いのみである。このような保険の内容も、つつみ隠さず知ってもらう。

3　すべて、「納得いくまで」、「腑《ふ》に落ちるまで」説明できる体制をととのえていく。

わからないことは、いつでも、コンタクトセンターへ。またウェブサイト上に、音声や動画などを使用して、わかりやすく、退屈させないで説明できる工夫も、十分にしていく。

4　私たちのウェブサイトは、生命保険購入のためのみに機能するものではなく、「生命保険がわかる」ウェブサイトとする。

5　生命保険は形のない商品である。だから「約款《やっかん》」（保険契約書）の内容が商品内容である。普通のひとが読んで「むずかしい、わからない」では商品として重大な欠陥となる。誰でも読んで理解でき、納得できる「約款」にする。私たちは、約款作成にこだわりを持ち、全社員が意見をだしあって誠意をもって約款を作成した。

6　生命保険は、リスク管理のための金融商品である。その内容について、お客さまが冷静に合理的に判断できる情報の提供が不可欠である。

第3章　生命保険料を、安くする

1　私たちは生命保険料は、必要最小限以上、払うべきではないと考える。このため、さまざまな工夫を行う。

2　私たちの生命保険商品は、私たち自身で作り私たちの手から、お客さまに販売する。だからその分、保険料を安くできる。

3　保障金額を、過剰に高く設定しない。適正な金額とする。したがって、毎月の保険料そのものが割安となる。

私たちのシミュレーションモデルは、残された家族が働く前提で作られている。「すべてのひとは、働くことが自然である」と考えるから。そのために、いざという場合の保険金額も、従来の水準よりも低く設定されている。

4　確かな備えを、適正な価格で。私たちの最初の商品は、シンプルな内容の「単品」のみである。良い保険の商品とは、わかりやすく、適正な価格で、いつでもフレンドリーなサービスがあり、支払うときも、あやまりなく、スピーディーであるかが、問われると考える。それゆえに、あれこれ約束ごとを含む、複雑な特約とのセット販売は行わない。

5　事務コストを抑える。そのために、紙の使用量を極力制限する。インターネット経由で、契約内容を確かめられるようにする。

6　生命保険は、住宅の次に高い買物であると言われている。毎月の少しずつの節約が、長い人生を通してみると大きな差になることを、実証したい。

7　生命保険料の支払いを少なくして、その分をお客さまの人生の楽しみに使える時代にしたいと考える。

第4章　生命保険を、もっと、手軽で便利に

1　私たちの生命保険の商品は、インターネットで、24時間×週7日、いつでもどこでも、申し込める。

2　印鑑は使わなくてもよくした。法令上必要な書類はお客さまに郵送し、内容確認の上、サインして返送していただく。したがって、銀行振替申込書以外、押印《おういん》は不要となる。

3　満年齢方式を採用した。誕生日を起点に、一年中いつでも同じ保険料で加入できるように。

4　私たちの商品の支払い事由は、死亡、高度障害、入院、手術のように、明確に定められている。この定められた事由により、正確に誠実に、遅滞なく支払いを

実行する。

手術の定義も、国の医療点数表に合わせた。この定義の採用は、日本ではまだ少ない。わかりやすくなり、「手術か、そうでないか」の議論の余地が少なくなる。

なお、従来の生命保険では、88項目の制限列挙方式が主だった。

私たちは「少ない書類で請求」と「一日でも早い支払い」を実現させたい。そのために、保険金などの代理請求制度を、すべての商品に付加した。また、お客さまからコンタクトセンターにお電話いただければ、ただちに必要書類をお送りできる体制にした。そして、保険請求時の必要書類そのものを最小限に抑えた。

このようなことが可能になるのも、生命保険の原点に戻った、シンプルな商品構成だからである。

この作品は平成二十六年九月新潮社より刊行された。

「働《はたら》き方《かた》」の教《きよう》科《か》書《しよ》

人生と仕事とお金の基本

新潮文庫　て－11－1

平成二十九年四月一日発行
令和二年十一月二十五日四刷

著者　出《で》口《ぐち》治《はる》明《あき》

発行者　佐藤隆信

発行所　株式会社　新潮社

郵便番号　一六二―八七一一
東京都新宿区矢来町七一
電話　編集部(〇三)三二六六―五四四〇
　　　読者係(〇三)三二六六―五一一一
http://www.shinchosha.co.jp

価格はカバーに表示してあります。

乱丁・落丁本は、ご面倒ですが小社読者係宛ご送付ください。送料小社負担にてお取替えいたします。

印刷・株式会社光邦　製本・株式会社大進堂

ISBN978-4-10-120771-1 C0130